Berceau des morts

Mehdi Bahrami

Roman

All Rights Reserved

Tous droits réservés

Title/Titre : Berceau des morts

Author/Auteur : Mehdi Bahrami

Publisher/Editions : Supreme Century, USA

ISBN : 978-1939123466

Traduit du persan par

Mohammad Bahrami et Esfandiar Esfandi

Chapitre I

A même le sol, sur mon matelas, j'avais les pieds en l'air ; un bon coup de botte m'a fait rebondir comme un ressort. Je pouvais plus me contrôler. Quand je pète les plombs, je percute plus rien. « Espèce de chien ! », ai-je crié. Les narines de papa frémissaient et son nez avait gonflé de colère. Comme à son habitude. A chaque fois qu'il se mettait en boule, c'était la même histoire. Il a levé le bras et m'en a mis une. « La ferme ! » qu'il m'a dit en même temps. « On te laisse tranquille et tu te lèves à midi, pauv' merde ! » Le salaud avait de gros battoir. J'avais les larmes aux yeux, je me suis détourné pour qu'il les voie pas. Il faisait tout noir dehors. Mon frère, comme à son habitude, s'était levé plus tôt que moi. Il s'était chaussé de ses bottes en caoutchouc et se tenait debout au milieu de la cour comme un macaque. Tout était de sa faute. C'était à cause de lui que papa se permettait tout. Il nous prenait pour ses larbins. Il nous faisait trimer deux fois plus qu'il nous faisait bouffer, et en plus, il s'en vantait. Je dormais pratiquement en marchant. J'aurais donné deux jours de ma ration de nourriture contre deux heures de sommeil. Mais je savais qu'il ne laisserait pas couler. Je voulais choper mon frère et lui tordre le cou pour lui faire regretter à jamais de faire la lèche.

Je traînais la patte pour les suivre. La brise était fraîche. Les yeux fermés, je somnolais. Il restait toujours un bon bout de chemin à faire jusqu'au champ. Le sentier était parsemé de cailloux et de pierres contre quoi je butais et ça me réveillait. Papa a allumé une clope, l'odeur du soufre et du tabac a rempli l'air. Merde ! J'avais les yeux grands ouverts maintenant, et je reniflais comme un chien. Ayant grillée la clope à moitié, il l'a passée à mon frère qui a pris quelques taffes et s'est tourné vers moi pour me demander, sans que papa s'en rende compte, si j'en avais envie. Je l'ai regardé avec rage et je lui ai pas répondu. Il y aurait bientôt la rentrée des classes et j'aurais plus rien à foutre avec ces conards. Mon frère allait plus au bahut. Il avait redoublé tellement de classes qu'on l'avait foutu dehors. Mon aîné de deux ans, il était toujours dans la classe inférieure. Tous ses anciens camarades de classe était partis en ville pour aller au lycée. C'était un vrai con mais il avait du bol. Autant papa s'entendait bien avec lui, son chouchou, autant, à moi, il me cassait les couilles. Pour rééquilibrer les choses, je me vengeais de lui là où je pouvais. En chargeant les sacs de pomme de terre, par exemple, je lâchais de mon côté, et du coup il s'écroulait par terre. Tout le monde s'esclaffait, sauf papa. Les négociants me payaient toujours deux fois plus que lui. Sur quoi, je fixais les yeux de papa...je savais qu'il en avait ras le bol. Je me réjouissais du fait que ce con allait plus à l'école. Mais je sais pas pourquoi, rien qu'à l'idée d'y aller tout seul, les larmes me montaient aux yeux. J'ai toujours été comme ça, prêt à chialer, comme les gamines.

Il pleut depuis des jours. Tout est mouillé, trempé même ; nos cheveux, nos habits, la terre sous nos pieds. Il est dangereux et difficile de travailler sur cette terre glissante et boueuse. Sur les montées, les gros chariots font preuve d'une résistance improbable. Tout de même, si les gens du coin travaillaient aussi bien que les autres, tout irait bien. Je ne peux cependant rien faire d'autre que patienter. Ils m'en veulent déjà assez comme ça, pour la simple raison que je suis contremaître. Si je me montre trop intransigeant, ils feront certainement des ennuis. Et personne ne veut d'ennuis par ici. On risquerait de tous se faire virer. Personne ne sait ce qui arriverait alors. Si le patron ne nous avait pas soutenus, les gens d'ici nous auraient foutus dehors il y a belle lurette. Moi, pour ma part, j'ai essayé de faire tout ce que je peux pour le satisfaire. Quand je lui ai demandé de nous laisser la garde de nuit, il n'a pas hésité. Au début, je ne voulais pas y inclure l'écrivain. Je ne l'apprécie pas trop, mais on n'aurait pas pu assurer à deux toutes les gardes. Bien qu'on se soit habitués à l'insomnie pendant la guerre où des semaines passaient sans qu'on ne ferme l'œil, maintenant on ne peut plus supporter l'insomnie deux nuits d'affilée. La nuit ici, chaque heure fait l'effet d'une nuit entière. Il fallait y faire participer quelqu'un. Je me suis dit en fin de compte, qu'il était notre compatriote et qu'on s'entendrait mieux.

La garde de nuit paye mieux. Mon frère souhaite mettre de côté assez d'argent pour ouvrir un petit magasin dans la ville voisine de la mine. Moi, je pense à retourner au pays, au village. Ça fait longtemps que la guerre est finie. Je ne crois pas qu'on se souvienne encore de nous. Il se peut qu'on ait même oublié la guerre. Mon frère et ma sœur me manquent beaucoup. Surtout ma sœur. Si ce n'était pas pour elle, j'aurais renoncé à me battre depuis bien longtemps. Si je rentre, je ne la laisserai plus jamais seule. Chaque jour qui passe, je me reproche davantage de les avoir abandonnés. Je ne sais pas ce qu'ils font, ce qu'ils sont devenus. Aujourd'hui, je vois encore le visage de mon père. Mais en ce temps-là, j'en avais assez. Après tout ce qui s'était passé, le village m'était devenu insupportable. Il fait très doux ce soir. La pluie fine de l'aurore est féérique, hallucinante. La lune qui pointe de temps en temps de derrière les nuages te force à être toi-même, celui que tu fuis toujours.

A la rentrée des classes, j'allais plus au champ. Le matin, à mon réveil, mon frère était plus dans son lit. Je m'étais toujours pas habitué à la solitude. Quand il était là, il m'emmerdait ; quand il y était pas, il m'emmerdait pareil. Maintenant au moins, je pouvais dormir une heure de plus, et sécher les cours quand j'avais pas envie des classes. Pauvre type ! Il avait jamais eu une bonne note de toute sa vie, mais ça l'empêchait pas de reporter partout mes plus petites conneries. Papa me frappait alors avec une chaînette. C'est pas du tout que j'aimais l'école. Non ! Mais c'était mieux que de galérer pour le compte de mon père. En plus, y avait des nanas. Notre école était dans le haut pays et je devais faire tout le trajet à pied. J'arrivais presque toujours à la bourre. Le prof me donnait une tape sur la nuque. Je m'en foutais complètement. Ça faisait pas mal. Juste un « toc » qui résonnait dans ma tête, et le rire des élèves qui la mettait illico en veilleuse en entendant le « silence » du prof. Et moi, ricanant, je me dirigeais vers mon siège, en faisant semblant de me malaxer. Les filles s'asseyaient au fond de la classe et les gars devant. Nous les gars, on avait choisi des surnoms pour toutes les filles : la Vache, la Grenouille, la Morveuse… J'oublierai jamais celle-là. Elle avait toujours, mais toujours, la morve au nez. Je la bousculais à chaque fois qu'on sortait ou rentrait dans la classe. Avant je devais m'assurer que mon frère me voie pas faire, sinon, la nuit même c'était les gueulantes et les coups de chaînette à tout va : « fils de chien ! m'aurait crié mon père. T'as pas honte ? Elle est comme ta sœur, ordure ! » Maintenant, j'avais plus ce souci-là, plus de frère à l'école, plus de chaînette dans ma piaule. Je me cognais contre elle, nos yeux se croisait, je lui faisais des clins d'œil. La première fois, j'avais un sentiment bizarre. Pendant la récré, en la croisant, j'ai baissé la tête comme si je la voyais pas, je l'ai heurtée très fort. Je me suis retourné tout de suite comme pour m'excuser de l'avoir pas vue. Elle a fait demi-tour en même temps et m'a regardé droit dans les yeux. C'était très cool. Il y avait quelque chose dans son regard qui a éclipsé ma peur, qui m'a même calmé. Je lui ai souri et hop, un clin d'œil ! Je la regardais droit dans les yeux. Ça l'a clouée sur place pendant quelques secondes comme un vieux cafard avant qu'elle fiche le camp. A partir de ce jour-là, j'avais ma place dans la queue derrière la Morveuse. Les gars s'en sont doutés peu à peu et des fois, ils me mettaient en boîte pour ça aussi...mais c'était tout. Jusqu'à ce qu'un des gars du haut pays ait commencé à me casser les couilles. Le salaud se plaçait entre elle et moi dans la queue. Ça, c'était chiant. Je faisais partie des plus grands dans la classe mais ce con était deux fois plus costaud que moi. Il était venu à l'école avec des années de retard. Il avait une gueule basanée avec de grosses mains rugueuses, couleur de terre. Fort comme un âne. Un plouc, quoi ! Tout le monde avait peur de lui, je n'étais pas de taille non plus. Je me sentais de plus en plus mal. Tout le monde savait que désormais derrière elle dans la queue, c'était sa place à lui et les autres se moquaient de moi pour ça. Ça m'énervait. Je voulais lui tordre le cou. Le couper en morceaux et le faire manger aux chiens. Ça m'était impossible de continuer comme ça. Un jour, j'ai rassemblé mon courage et je me suis précipité derrière la Morveuse avant qu'il arrive. Mais quelle trouille... Je frissonnais. Tout le monde flippait. Je me rassurais tout le temps en me répétant : « Aie pas peur, mon vieux ! Qu'est-ce qu'il peut foutre par exemple ? » Rien qu'à le voir entrer dans l'école, ça m'a foutu les jetons. Maintenant, j'avais les mains qui tremblaient, la bouche qui séchait. « T'inquiète mon vieux ! C'est rien qu'un crâneur. Rien qu'un tas de muscle. Si tu bouges vite, tu peux l'avoir. Il va peut-être même se dégonfler. » Je faisais semblant d'être occupé à mes devoirs et je le suivais du coin de l'œil. Il était tout près maintenant. Il m'a cogné tellement fort que je me suis étalé. Alors, j'ai perdu la tête et quand je perds la tête, personne ne peut plus me retenir. J'allais lui tordre le cou. Je me suis dressé, j'ai sauté en l'air, et je l'ai frappé fort à la nuque. Lui, on aurait dit qu'il ne cherchait que ça. Il s'est retourné et s'est mis à me gifler. On a roulé par terre en nous débattant. Les autres nous entouraient. On criait et on nous encourageait. Un vrai bordel, quoi ! Il était agile. Un moment, il m'a envoyé un marron dans l'œil droit et un coup de boule sur le pif. La tête me tournait maintenant. Je suis tombé. Il s'est jeté sur moi. Il a failli m'écraser sous son gros bide. Il a enfoncé ses pouces dans mes yeux pour me les crever. Il les pressait si fort que je craignais qu'il me les arrache, comme de petites billes. Je me suis démené comme un pauvre diable pour amener sa main jusqu'à ma bouche et je l'ai mordu jusqu'au sang. J'entendais le craquement aigu de ses os sous mes dents. J'avais presque cisaillé ses ongles maintenant. Qu'est-ce qu'il gueulait ! Il gémissait comme un chien ! Les gars criaient encore plus fort que lui. J'avais réussi à m'extirper de sa masse quand soudain le silence est tombé et qu'on s'est dispersé. Le mec m'a lâché et s'est relevé.

Le proviseur le soulevait en lui tirant l'oreille. Il l'a soulevé de terre comme ça. J'avais du sang sur mes vêtements. Je me suis pincé le nez pour l'arrêter de couler. L'un de mes yeux voulait plus s'ouvrir, il en sortait des larmes. Ça faisait mal. J'avais mal partout. J'étais debout maintenant et je me frottais les yeux avec le revers de la main pour les nettoyer. Le proviseur a lâché l'autre abruti. Il est venu vers moi, et paf ! Il m'en a mis une. « Fils de chien ! Vous vous croyez dans une écurie pour vous conduire comme ça, comme des chiens enragés, hein ? » Le type était devant moi et se léchait les doigts comme une bête. « Allez…Déchaussez-vous tout de suite ». On m'avait jamais fouetté sur le plat des pieds ; bien que dans mes cauchemars, je m'étais souvent vu couché par terre avec les pieds noués à une planche que le concierge et un élève costaud tenaient des deux bouts pendant que le proviseur cravachait le plat de mes pieds de toute ses forces. Dans ces moments, la trouille clouait le bec à toute l'école, mais on y prenait aussi du plaisir. Moi-même par exemple, quand je voyais ça, j'avais peur…mais en même temps je m'amusais. Le type fouetté se roulait par terre et le proviseur fouettait encore plus fort jusqu'à ce que le fauteur se calme et parte en sanglots. Ce n'était qu'à ce moment-là que le proviseur le lâchait. « Pardon…Monsieur…pardon… c'était pas de ma faute » ai-je chialé à son adresse. Il m'a pas laissé finir ma phrase. Il m'a encore giflé, mais plus fort, tellement fort que j'ai senti une brûlure sur la joue. Il a dit au concierge d'aller chercher la planche à bastonnade. On a enlevé nos chaussures et on s'est allongé par terre, l'un à côté de l'autre. L'autre gars s'en foutait pour de bon. Moi, je voulais pas perdre la face. J'ai arrêté de me plaindre.

Deux élèves de troisième ont saisi les deux bouts de la planche. Le proviseur s'est mis à nous cravacher les pieds avec la courroie de ventilo du minibus. C'était affreux, ses coups ! Le premier m'a fait terriblement mal. Le même mal a monté le long de mon corps des orteils jusqu'à la tête. Je serrais les poings et les dents pour étouffer la douleur. Ma mâchoire a failli éclater. C'était au petit matin, et le Proviseur était bourré d'opium et plein d'énergie. Si ça avait été un peu plus tard vers midi, il n'aurait même pas pu tenir debout, il aurait, au lieu de ça, préféré rester assis sur sa chaise sous le soleil à piquer un somme. L'autre gars criait pas, bougeait pas. J'avais le feu au pied. Les yeux fermés, je raclais le sol des doigts. Je savais qu'il nous lâcherait pas tant qu'on aurait pas pleuré, je voulais tout de même pas perdre la face. Le souffle me manquait maintenant. Mes cris accompagnaient les coups cadencés du fouet. Finalement, j'ai cessé de me retenir et j'ai éclaté en pleurs. Le salaud, lui, n'a pas arrêté de fouetter. Il voulait toujours faire pleurer l'autre type. Je battais des pieds, je hurlais et je le suppliais de me laisser tranquille. J'allais tomber dans les pommes quand il s'est enfin arrêté. « À partir d'aujourd'hui, fini les bagarres…compris ? »

J'avais les pieds en sang. Impossible de les poser par terre. J'ai empoigné mes chaussettes, je me suis traîné jusqu'à la queue sur mes talons. Le mec s'était chaussé et se tenait derrière la Morveuse. Le perdant, c'était moi.

A partir de ce jour-là, il est devenu plus insistant. Il était tout le temps derrière la Morveuse. Il se serrait contre elle par derrière et ça, sans aucune gêne. Moi, j'arrivais toujours en retard pour ne pas faire la queue. J'étais aussi le dernier à sortir de la classe. J'étais calme à l'extérieur mais à l'intérieur, j'étais mal en point. Je me disais tout le temps : « T'est qu'un bon-à-rien. Faut faire quelque chose. Faut pas le laisser faire ce qu'il veut. » Je faisais sans cesse des plans pour me venger de lui. Le problème, c'était que personne ne voulait se joindre à moi dans cette histoire. Tout le monde avait peur de lui. Je devais le remettre à sa place d'une manière ou d'une autre. Parce que ça pouvait plus marcher comme ça.

Papa avait un couteau à crans d'arrêt qu'il aimait plus que sa vie. Il racontait son histoire à tout le monde. Je l'avais entendue trente-six fois. Son père l'avais reçu de quelqu'un qu'il avait sauvé des mâchoires d'un loup. Le type était peut-être un seigneur ou quelque chose dans ce genre. En tout cas, le couteau était très beau, unique même. Un jour, je me suis réveillé plus tôt que d'habitude. Mon père et mon frère était déjà parti sur les terres. Maman jetait des feuilles de thé infusées et du pain sec pour la volaille. J'avais peur de mon père même quand il était pas à la maison. En tremblant, je suis allé vers le coffre dont le battant en étain portait de jolis desseins. J'ai ouvert le battant qui a légèrement craqué. Un bric-à-brac pas possible m'est apparu. Les chaussures neuves du père qu'il ne mettait jamais ; les ustensiles de luxe réservés aux invités ; un quinquet tout neuf qu'on avait même pas sorti de son emballage. J'ai finalement trouvé la gaine en cuir que je cherchais. Je dégoulinais de peur. Inconsciemment, mon regard a parcouru la cour. Maman avait un gros tas de fourrage dans les bras et se dirigeait vers l'étable. J'ai dénoué le lacet qui enserrait la gaine et j'ai fait glisser le couteau dans ma paume. Magnifique ! J'ai renoué la gaine et je l'ai remise à sa place, maintenant débarrassée de son contenu. J'ai passé quelque temps à la contempler dans sa beauté. Quand j'ai libéré la lame, ça m'a rempli de courage. Je voulais aller à l'école le plus vite possible pour écraser le mec comme une mouche. Il fallait le faire le jour même. Maman m'avait mis de quoi manger sur la nappe. J'ai pris quelques bouchées de pain au fromage avec du thé sucré. Le couteau dans la poche, j'ai dévalé la volée de marches qui séparaient le bâtiment de la cour. La porte de l'étable était grand ouverte. J'y ai vu maman verser de l'eau dans le bassin qui servait d'abreuvoir aux vaches.

Ici, il pleut trop aux débuts du printemps. Contrairement à notre village où c'est plutôt en automne et en hiver qu'il pleut. Ici, en hiver, on a seulement la neige qui nous tombe du ciel. La glace et le froid finissent par nous obliger à cesser les travaux pendant des jours et même des semaines. Si seulement il y avait des champs aux alentours. Mais il n'y a que la montagne et les mines. Avec les bruits des voitures et des explosions. Ce qui est bien, c'est que mon frère et moi, nous nous sommes habitués au bruit des explosions pendant la guerre. La différence est qu'ici personne ne va se jeter dans la mêlée et se faire péter en l'air en emportant les autres avec lui. Je n'ai pas peur de la mort. Je l'ai souvent souhaitée de tout mon cœur. Seulement je l'appelle dans le calme de notre village ou au moins par tirage au sort ; quand, après que le sort aurait fait de toi le sauveur, tu prendrais un bain dans l'eau limpide et glaciale de la rivière ; tu en sortirais pur et propre ; tu boirais une tasse de café chaud ; tu t'excuserais auprès de tes camarades. Ensuite, pour la première fois dans ta vie, tu mettrais ta tête contre l'épaule de ton frère et tu pleurerais. Tu pleurerais à te vider, à te libérer de tout ce qu'il y a de gênant chez toi.

Sur le chemin de retour de l'école, j'étais plus la même personne qu'avant. Lorsque j'ai vu la trouille dans ses yeux, ça a tout réglé. Maintenant, toute l'école avait peur de moi. En sortant de la classe, je me suis mis derrière la Morveuse. Aucun regard de travers.

Quand j'ai libéré la lame, le type a failli se pisser dessus, il pouvait plus respirer. La trouille, je la voyais dans ses yeux. Il pouvait pas croire que j'avais un couteau à la main. Ça m'a donné encore plus confiance. « Tu veux que ta mère te pleure ? » Il a pas bougé d'un doigt. J'ai passé légèrement la lame sur son visage, et je l'ai glissé doucement le long de sa mâchoire. Et j'ai répété ce geste plusieurs fois en insistant plus à chaque fois. Il ne bougeait pas, ne parlait pas. Un filet de sang s'est dessiné à travers sa barbe clairsemée. « Je te laisse filer cette fois, sale fils de pute ! Mais tu t'occupes de mes affaires encore une fois et je t'encule. » Je l'ai alors bombardé avec la liste des gros mots que je connaissais. Le pédé bougeait pas. « Fils de pute ! Casses-toi maintenant. » Et je lui ai balancé une torgnole sur la gueule. Le bruit du coup s'est répercuté dans le silence de la classe comme un pétard.

Arrivé à la maison, j'ai pas pu me décider à remettre le couteau à sa place. Je me suis promis de faire l'ignorant si jamais mon père m'interrogeait là-dessus. Ou bien il me foutrait une tarte ou bien il me battrait à coups de chaînette. De toute façon, ça serait pas la première fois que je me ferais bastonner, ça serait pas la dernière fois non plus. Ça en valait la peine.

Dès ce jour-là, je l'ai gardé sur moi. Je le montrais à tout le monde à l'école et ils étaient tous bluffés par les incrustations sur le manche. Je me la pétais ! J'avais plus peur de personne. Je me mettais toujours derrière la Morveuse. Quelques-uns des garçons, qui étaient devenus mes potes, bouchaient l'entrée de la classe pour que ça dure plus. Moi, je tournais les yeux vers le mec et je lui faisais des clins d'œil. Il en avait les larmes aux yeux, ça le crispait à en crever mais il avait pas les couilles de s'approcher.

Une fois, quand je rentrais de l'école, trois mecs m'ont barré la route. J'ai su plus tard que c'était les frères de la Morveuse. Ils m'ont pas laissé le temps de bouger le petit doigt. Deux d'entre eux m'ont bloqué les bras, et l'autre, le cadet, m'a foutu un coup dans les couilles. S'ils m'avaient pas retenu si fort, je l'aurait défiguré en un clin d'œil. J'ai failli gerber. Je pouvais pas respirer. J'étais sur le point de crever. Ils m'ont entraîné dans les broussailles. Je pouvais rien faire. Comme j'aurais voulu que mon frère soit là. Qu'est-ce que je voulais qu'il soit là !

Quand ils m'ont relâché, je voulais m'ouvrir les veines. Le cadet était long comme trois pommes. Mais il était fort. J'avais l'impression d'être sorti de la rivière au milieu de l'hiver. J'avais les jambes raides. A ce moment-là, mon frère était certainement en train de tamiser les céréales. Il enfonçait le fléau dans les tiges, les lançait en l'air, le vent faisait le reste. J'étais abruti et fatigué. J'avais peur. J'avais mal. Mes yeux se posaient sur les choses sans les voir. « Tu fais ce que t'as pas le droit de faire et c'est des trucs très mauvais qui t'arrivent…t'as pigé, mon petit ? » Là, le cadet m'a botté les côtes et un autre m'a craché au visage.

La pluie s'est mise à tomber lentement. Je suis resté assis dans le lit du ruisseau. Recroquevillé, j'ai pris mes genoux dans les bras et je les ai serrés contre moi, très fort.

Mon cher frérot ! Quand on a convenu d'écrire ce journal, je voulais juste rendre plus supportables ces longues heures de nuits hivernales. J'ai eu cette idée pendant une de ces interminables nuits qu'on a passées dans la petite baraque en montant la garde dans l'attente d'un temps plus clément. J'ai toujours eu une main à la plume. L'écriture m'a toujours rendu plus calme. Mais écrire pour soi, n'est pas aussi apaisant que lorsqu'on est sûr d'être lu par un autre. Il faut écrire non *à* quelqu'un mais *pour* quelqu'un. Il faut partager ses soucis avec quelqu'un. A vrai dire, je n'aurais jamais imaginé que tu te mettes à écrire. Je me disais qu'*in fine* tu te contenteras de lire mes écrits. Je ne peux toujours pas croire que tu écrives, et encore de façon plus libre et plus désinvolte, avec plus d'effronterie même que moi. Quel bonheur pour toi, mon frère ! Je t'envie pour cela.

De toute façon, je suis heureux que tu écrives. Et je suis heureux que ce soit toi qui lises mes écrits. Je sais que tu as eu des moments très difficiles. J'en suis en partie responsable. Je n'étais pas près de toi quand tu avais besoin de moi. Mais le passé c'est du passé. Il m'est également arrivé des choses, plus horribles parfois que ton histoire. J'ai eu envie de me suicider. J'ai des choses sur le cœur qui m'étouffent, m'étranglent. Mais je n'ai pas le courage de les transcrire. Peut-être un jour aurais-je le courage de le faire, comme toi.

Mettons-nous d'accord sur une chose. Tout ce qu'on écrit ici restera entre nous deux, secret, entre frères. Quoi que ce soit, ce sera comme s'il n'y avait rien eu, comme si ça n'avait jamais été écrit, comme si ce n'était qu'une fiction, une illusion. Désormais, on laissera le carnet dans le tiroir et on y mettra un cadenas, pour empêcher les autres de le lire.

En fait, je n'avais jamais parlé à quelqu'un avec autant de liberté. J'ai l'impression qu'on est devenus plus proches. Ecrire un rêve, lire un rêve, le salut…

J'ai repris conscience avec le hurlement des loups. J'étais étourdi et j'avais peur. Il faisait sombre. Je traînais près de la route et je savais pas ce que je devais faire. J'étais pris de vertige, je crois. J'avais envie d'aller me perdre quelque part. J'ai éclaté en pleurs malgré moi. Mes sanglots résonnait et errait dans la nuit. Mon visage était mouillé de pleurs et de pluies…mais je sentais toujours le crachat du petit salaud sur ma joue.

Soudain, je me suis trouvé sur le seuil de la maison. De la cour, je pouvais en voir l'intérieur. Mon père et mon frère étaient assis à même le sol près du foyer ; ils dinaient. La vue des flammes m'a un peu calmé. Contrairement à ce que je croyais, la maison aussi me calmait, mais j'avais pas la force de monter les marches. La pluie tombait sans arrêt et l'éclat de la foudre faisait instantanément tout pâlir de loin en loin. Chaque marche de l'escalier me semblait un Everest. Je me suis arrêté derrière la porte et je l'ai poussée doucement. Elle a tourné sur ses gonds pour se coincer à la place habituelle. A travers la porte entrouverte, la chaleur de la maison m'a soufflé au visage. Il était tard. Papa était en boule. Il allait m'engueuler. Ça se voyait dans son visage. Je voulais bien qu'il me fouette avec sa chaînette au point de couvrir tout mon corps de bleus. Maman était assise dans un coin, loin d'eux. Elle tricotait, ses lèvres remuaient. Au bout de quelques secondes, elle s'est levée, on aurait dit qu'elle venait de s'apercevoir de ma présence. Mais elle n'a pas bougé d'un doigt. Elle a regardé mon père, elle s'est rassise à sa place…sa longue jupe s'est étendue autour d'elle par terre. J'avais envie de m'allonger sur sa jupe, de mettre ma tête sur ses genoux et de pleurer. Papa a relevé sa tête. Son nez a frémi. Il allait m'insulter comme d'habitude, mais, à la vue de ma petite mine, il a laissé tomber. J'ai regardé ma mère, et je me suis approché d'elle de quelques pas. Mais j'ai pas osé aller plus près. Il y avait longtemps depuis la dernière fois qu'elle m'avait embrassé. J'avais eu de la fièvre et je tremblais. Elle m'avait pris dans ses bras. Elle m'avait caressé les cheveux. Mais ça n'avait pas duré longtemps, papa l'avait appelé, et elle avait dû me quitter.

Le masticage du père a repris. Mon frère a écrasé un oignon avec un coup de poing. Il l'a mise devant mon père, et il s'est tourné vers moi. « T'étais où jusqu'à maintenant ? » et sans attendre ma réponse, il m'a montré le bol que ma mère avait mis près du four pour moi. Si j'étais resté là-bas une minute de plus, j'aurais éclaté en sanglots. Je suis allé dans la chambre du fond sur la pointe des pieds. J'ai préparé mon matelas. Je me suis couché, et j'ai enfoui ma tête sous la couverture. Les paupières serrées, j'ai pleuré. J'étais foutu, foutu !

J'ai pas pu fermer les yeux de toute la nuit. Je me suis fermement enroulé dans la couverture. J'avais toujours le couteau dans la poche. Je l'ai sorti au milieu de la nuit. Le ronflement de mon frère remplissait la chambre. J'avais envie de dégueuler, comme si j'avais le couteau dans la gorge. J'ai gerbé. Le couteau s'est perdu dans les dégueulis. A présent, j'en étais moi-même couvert. J'ai joint mes mains devant ma bouche. Il y avait plus rien à dégueuler dans mes tripes. Je suis resté comme ça, à ma place, immobile. Je sentais l'odeur dégoûtante sortir de mes narines. Dégueulasse que tu es, dégueulasse, dégueulasse ! ai-je répété mille fois. Un frisson a parcouru tout mon corps, j'avais encore l'estomac tout barbouillé. J'ai pissé dans mon froc. Le matelas était tout sale. Il commençait à faire jour. J'ai glissé le couteau dans la couture du matelas. Ma seule chance était que mon frère s'était pas réveillé pendant tout ce temps. Je savais qu'il se réveillerait à un moment ou à un autre. Je voulais pas qu'il me voie dans cet état. J'ai rabattu la couverture et je me suis caché dessous.

Quand il s'est réveillé au matin, j'avais toujours pas fermé l'œil. Je voulais les accompagner sur les terres au lieu d'aller à l'école. J'aurais voulu être mort cet été. Quand il s'en est allé, j'ai ressenti un vide. J'avais encore envie de pleurer. Plus il faisait jour, plus je devenais sombre. Le soleil était dans le ciel maintenant, le jour était là. Le bruit de la vaisselle que ma mère lavait dans la cour me parvenait. Quand il faisait chaud, les moustiques se multipliaient. On les guettait, et d'un coup, on les empoignait. Puis, doucement, de manière ne pas les tuer, on leur arrachait les ailes. Qu'est-ce qu'ils étaient ridicules comme ça ! Ensuite, on les laissait sur les bancs. Ils étaient étourdis. Ils savaient pas quoi faire. Ils faisaient quelques pas, ils se redressaient, comme s'ils allaient décoller, mais sans y parvenir. A présent, je pensais tout le temps aux moustiques. Je savais plus ce que je devais faire ? Aller à l'école ou pas ? Qu'est-ce que je devais foutre ? Si j'avais été un peu plus âgé, je serais parti en ville pour m'engager dans l'armée. Je voulais avoir un gros flingue. Comme ça, j'aurais pu aller dans la classe pour les flinguer tous. Quelle prise de tête ! Si je n'allais pas à l'école, tout le monde saurait qu'il s'était passé quelque chose. L'affaire éclaterait au grand jour, et m'éclabousserait.

Quand je suis enfin arrivé à l'école, la première heure venait de prendre fin. Tout le monde était dans la cour. Les gars couraient les uns après les autres et se tapaient dessus. Les filles étaient accroupies au pied du mur sous le soleil. De derrière les arbres, j'ai examiné la cour pendant quelques minutes. Je pouvais pas me décider d'y aller. Mais je pouvais pas rester là-bas non plus. Enfin, j'ai rassemblé toutes mes forces et j'ai foncé. Dès que j'ai vu la Morveuse, ça m'a ulcéré. Comme toujours, la morve lui coulait du nez. Seule, elle se tenait debout dans un coin. Qu'est-ce que j'aurais voulu être seul avec ! Je lui casserait la gueule à force de lui cogner la tête par terre. Comme ça, l'eau arrêterait de lui couler du nez. Tout était de sa faute…la salope ! Lorsque le plouc m'a vu, il a sifflé…longuement. Tout le monde s'est figé sur place. La tête baissé, j'ai pris le chemin de la classe sous le regard de toute l'école.

L'école m'était devenue un cauchemar dans la journée. Mais aussi pendant la nuit. Même pas une seconde de calme. Mon cœur battait, mon estomac me brûlait. Je ne voyais que les flammes de la cheminée. Pour rendre les choses encore pire, papa aussi m'avait foutu la paix pour de bon. Putain de chance ! Les quelques fois qu'il m'avait frappé avec sa chaînette, ça m'avait fait du bien. Maintenant, je ne me défendais plus quand il me frappait. Mais il faisait la tête et me touchait plus. Depuis ce jour-là, je prenais un autre chemin pour aller à l'école. Je voulais plus longer le ruisseau. Ça m'empêchait pas d'être angoissé tout le temps. À l'école, je parlais plus à personne, même un mot. Des fois, le mec me faisait des clins d'œil quand nos regards se croisaient. J'étais devenu un lâche. Ça me traversait souvent l'esprit de lui crever la panse, mais j'en avais pas les couilles. Quand il me faisait un clin d'œil, je le regardais, je baissais la tête et je traçais.

Je commence progressivement à m'intéresser à l'écrivain. Je ne me sentais pas à l'aise avec lui les premiers jours. C'était peut-être à cause de son visage, qui a quelque chose de cet air condescendant que les gens de la ville se donnent. Il est arrivé ici peu de temps après nous. Je n'aimais pas du tout l'idée d'avoir un compatriote auprès de nous dans le chantier. J'avais peur d'être mis à nu. Ou alors c'est l'exil qui rend suspect à nos yeux les choses familières. En exil, tu veux peut-être oublier tout sur tout. Ou est-ce à cause de la honte d'être réduit à l'obéissance comme un esclave ? la honte d'être vu en train d'essayer d'imiter les étrangers ? Surtout si tu viens d'un pays où on se vante depuis toujours d'être les plus forts.

Il a les mains délicates, les doigts longs et minces. Il ressemble plus aux écoliers qu'aux mineurs. Il se met à table avec moi, me parle de ses soucis, de son passé. A ce qu'il m'a raconté, d'abord, il s'dette. Il est censé rembourser tout le monde avec l'argent que lui auraient rapporté ses livres. Mais certains complotent contre lui pour empêcher ses livres de se vendre. Les créanciers portent plainte contre lui, alors il décide de quitter le pays discrètement. Il dit qu'il a des ennemis dangereux. Apparemment, il s'est frotté à l'un des plus hauts gradés de la police. Il dit qu'un jour ses romans le scandaliseront, qu'un jour les gens liront ses romans et connaîtront le vrai visage du haut gradé, de ce commandant.

Il s'est beaucoup déplacé d'un pays à l'autre, pour finir ici. Ce monde est petit tout de même. Au départ, quand il apprend qu'on est ses compatriotes, il panique. Mais il se dit que nous devons assurément fuir quelque chose si nous sommes dans ce petit pays, à travailler dans une mine. Dès qu'il m'a dit cela, j'ai froncé les sourcils et j'ai fait semblant de m'en aller. Il s'est excusé et n'en a plus parlé.

Il est déterminé à écrire un roman pendant les nuits de garde. Il veut s'en tirer grâce à son argent. Ce n'est pas un type méchant. Je me sens à l'aise avec lui. Il parle assez facilement de tout son passé, de tous ses secrets. Mais qui sait ? Ce ne sont peut-être que des histoires. Il n'y a peut-être pas de commandant du tout. Celui-ci est peut-être le produit de l'imagination d'un écrivain ruiné qui prétend écrire un roman « formidable ».

Au retour de l'été, les négociants de farine sont aussi arrivés. Les premiers jours, je pouvais pas les regarder dans les yeux. Je croyais qu'ils étaient tous au courant de…et qu'ils chuchotaient tout le temps à propos de moi. Mais petit à petit, les choses ont pris une autre tournure. Je pouvais me mêler à eux. J'étais vachement costaud. Je soulevais deux sacs de pomme de terre en même temps. Je les prenais chacun sur un bras et j'en remplissais les camions en un rien de temps. J'emmerdais comme je pouvais mon père et mon frère. Contrairement à mon frère qui, comme les filles, avait même pas un poil au menton, et dont la voix faisait penser aux gamines de 10 ans, j'avais une grosse moustache et la voix enrouée d'un jeune ado. Mais les nuits avais pas changé du tout. J'avais toujours mal à l'estomac, et un goût amer dans la bouche. Je veillais toute la nuit en position assise près du feu, aux côtés des négociants. Tout le monde partait mais je restais là jusqu'à m'endormir. A l'aube, je me réveillais en sursaut, angoissé. Le feu avait cédé sa place à la cendre, et il caillait. J'allais chercher une couverture dans la cabane, je m'enroulais dedans. Mon père et mon frère à l'intérieur, les négociants dans leurs voitures. Serré dans la couverture, je me rappelais ce fameux jour, sur le lit du ruisseau. J'avais envie de dégueuler mais je pouvais pas. Je me calmais en rêvassant : Je deviens riche, j'achète tout le village. J'embauche tout le monde. Tout le monde vit à mes dépens. Au bout de quelques temps, il y a une sécheresse. Tout le monde perd tout ce qui lui reste. On vient chez moi pour me prier de donner de quoi manger. Je donne des pommes de terre et de la viande à qui bon me semble. On me baise la main. La Morveuse est maintenant la femme du gros con. Un jour, elle vient chez moi en compagnie de son mari et de ses frères. Ils me supplient, se mettent à genoux devant moi, mais je leur donne rien à béqueter, je les tabasse. Je leur dis « cassez-vous ! Laissez-moi cette pétasse. Je lui donnerai des trucs à bouffer pour qu'elle vous en ramène. » Ils rougissent tous. Je les regarde droit dans les yeux et je leur fais des clins d'œil. Ils sont obligés de m'obéir. Au moment où ils me baisent la main pour me remercier, je leur crache à la nuque. C'est comme ça que je me calmais.

L'été approchait de sa fin. Je savais pas si j'allais reprendre les classes. Je détestais passer toute la journée avec mon père et mon frère. Je savais aussi que le conard ne viendrait plus à l'école. Je voulais rentrer à l'école pour recommencer à l'entreprendre, la Morveuse. J'avais envie de la prendre seule quelque part. Je montrerais comme ça à ses frères à qui ils avaient affaire.

Mais on l'avait mariée et elle venait plus à l'école. J'avais envie de me venger sur les plus petites, mais j'sais pas. J'étais devenu un lâche, un bon à rien. Je faisais tout, mais seulement dans ma tête : je m'imaginais en train d'emmerder tout le monde, les gars et les filles, et ça jusqu'aux proviseur et profs. Je m'asseyais tout seul dans un coin, je rêvassais. J'allais aux chiottes plusieurs fois par jour. Je rêvais, je me touchais et je pensais être le prof…je bastonnais tout le monde. Je les obligeais à embrasser la poêle brûlante en hiver. Je les entendais hurler. Quand je finissais, je commençais à me détester de mon impuissance, de n'avoir fait que rêver. Je savais que j'étais un homme, un mâle adulte, mais j'avais peur tout le temps. J'avais peur des regards, des murmures de sales petits gars ou des fillettes de onze ans.

Un jour, en me réveillant, j'ai vu mon père se raser le visage à travers la porte entrouverte de la chambre. La barbe touffue et blonde qui couvrait tout son visage a disparu d'un coup. Même si ça le rajeunissait, ça m'embêtait de le voir comme ça. Je pouvais plus le reconnaître. Ma mère repassait les habits neufs de mon père avec le fer à charbon. Je commençais à croire ce que disaient les gens du village. Quelques jours plus tard, on m'a dit qu'il avait demandé en mariage l'une des filles du haut village. Je connaissais la fille. Elle était dans notre école. Au départ, ça me disait rien ça. Mais peu à peu, ça a commencé à m'énerver. Mon père avait commandé au conducteur de bus de lui acheter en ville une bague en or. Mais c'était ma mère qui me faisait chier encore plus. Elle le câlinait encore plus que jamais. Elle lui avait confectionné une nouvelle chemise. Elle se couchait même plus dans leur chambre.

Mon père était vraiment en train de nous ruiner. Je l'avais jamais aimé, mais je le croyais pas si infâme. Un jour, de retour à la maison, je me suis rendu compte que la vache n'était plus dans son étable. Il faisait un temps merdique. Un vent très fort poussait et tentait de déraciner les arbres. Ma mère ramassait précipitamment le linge étalé sur la corde au milieu de la cour. Je lui ai demandé où elle était, la vache. Elle a pas répondu, comme d'habitude. Je me suis planté devant elle, et je lui ai hurlé au visage « mais t'est sourde, ou quoi ? » Elle a produit un son dans sa gorge, fait quelques mouvements de bras pour me faire comprendre que je devinais juste. J'ai compris quelques jours plus tard que le père de la fille avait demandé la vache comme le prix de la fiancée. Le chagrin m'a fait perdre l'appétit. On perdait tout ce qu'on avait. Je m'étais toujours dit qu'à sa mort, on aurait au moins un bout de terre et du bétail. Mais maintenant au lieu de ça, on allait vivre la disette.

Je devais faire quelque chose. L'idée m'est venue de lui enfoncer le couteau dans la poitrine jusqu'au manche. Mais l'image même du couteau me paralysait. Je savais pas si je pourrais encore un jour le sortir des pailles. Je me suis enfin décidé. Un jour, après les cours, je suis sorti de l'école plus tôt que tous les autres élèves. Je l'avais suivie plusieurs jours avant ça et je savais par où elle passait pour rentrer chez elle. Elle était accompagnée de trois autres filles. Mais ce qui était bien, c'était qu'elle se séparait de ses amies avant d'arriver à un champ de grenadier où j'ai couru m'installer pour l'attendre. L'allée était toute vide. J'ai sauté dans le jardin par-dessus la partie basse du muret en terre et je me suis mis à la guetter. Tout le jardin était jonché de fines et jeunes feuilles de grenadier. Il y en avait à perte de vue, des grenadiers, dénudés. J'avais peur du silence du jardin. J'ai serré la chaînette dans mon poing. La sueur me coulait de la tête au pied. J'ai attendu son arrivée impatiemment. Lorsque je l'ai enfin vue tourner dans l'allée, mes mains se sont mises à trembler. Sois un homme ! que je me suis dit. Elle s'est approchée de plus en plus. Tenant son cahier devant les yeux et lisant, elle avançait sans prêter attention autour d'elle. Elle marchait si doucement dans ses sandales en plastique qu'aucun bruit ne venait perturber le calme de l'allée. Elle est enfin passée devant moi. J'étais figé sur place. Elle s'éloignait de plus en plus. Si elle atteignait le bout de l'allée, tout était gâché. Je n'aurais pu plus rien faire. Je demeurais tout de même cloué sur place. Réunissant toutes mes forces, j'ai sauté dans l'allée. J'avais la chaînette dans la main. Je l'ai suivie au pas, imitant ses gestes, lentement, sur la pointe des pieds. Il n'y avait qu'un pas entre nous quand soudain elle s'est retournée vers moi. Nos regards se sont croisés. J'avais la bouche toute sèche, la langue lourde. Mais dès que j'ai vu la peur dans son regard, la mienne a disparu. Son cahier lui est tombé des mains. Elle a fait demi-tour pour s'enfuir, je lui ai fait un croche-pied. Elle a essayé de se lever, j'ai fouetté ses côtes à coups de chaînettes. Elle s'est mise à couiner. Elle roulait par terre de douleur. Je l'ai tenue par le col et je l'ai soulevée. Je lui ai mis la main sur la bouche pour la faire taire. Son nez saignait. « Elle m'a sali la main, la salope ! » que j'ai dit. Elle disait rien. Son corps arrêtait pas de trembler. Quand j'ai senti ses os frêles et tremblants sous ma main, ça m'a rassuré. Je l'ai soulevé et je l'ai entraînée vers le jardin. Si je la prenais au milieu du jardin, personne ne pourrait l'entendre. Mon slip était toute mouillée tellement j'étais excité. Les feuilles jaunes emportées par le vent me giflaient le visage. « T'es où ? Hé, mais t'es où ? » C'était la voix de mon frère. Ça m'a glacé. D'abord, je me suis cru en proie à une illusion. Mais c'était lui avec sa voix efféminée. Sale fils de chien ! C'était la première fois, mais la première fois, qu'il venait me chercher. Paniqué, je savais pas ce qu'il fallait faire. Sa voix s'approchait de plus en plus. Je l'ai poussée contre le muret en bauge et je lui ai serré la gorge. « Si t'en parles à quelqu'un, je te tuerai comme une chienne. T'a pigé ? hein ? » lui ai-je murmuré à l'oreille. Elle a acquiescé, je l'ai lâchée et je me suis lentement éloigné. J'étais hors de moi. Ça aurait été un beau jour si ce conard ne m'était pas tombé dessus comme ça.

Je n'arrive pas à comprendre pourquoi mon frère écrit de telles choses. Le passé, c'est du passé. La pauvre fille n'avait rien à voir dans toute cette affaire. Qu'est-ce qu'elle aurait bien pu faire d'autre ? C'était son père qui l'avait obligée à épouser papa. Son père aussi faisait pitié. Il avait sept ou huit marmots à nourrir. Papa avait choisi cette fille pour la simple raison qu'ils étaient pauvres. Au départ, le père s'était opposé à ce qu'elle épouse quelqu'un du même âge que son propre père. Il avait renoncé devant la généreuse proposition de notre père qui lui avait offert la vache.

Je accompagnai papa quelques fois quand il allait chez eux. La première fois, je l'attendis devant l'entrée de leur maison. Je ne savais pas de quoi il s'agissait. Je croyais à tort que mon père voulait embaucher l'homme pour travailler notre terre.

Mais la fois suivante, il m'expliqua tout. Il me raconta tout son passé. Il se plaignait du fait que notre mère était de 15 ans son ainée, qu'elle était muette, qu'il ne pouvait même pas lui parler. D'après lui, ça aurait été même un mariage forcé, c'était son père qui l'avait choisie pour lui parce qu'il ne voulait pas dépenser beaucoup d'argent. Il avait toujours désiré avoir sept ou huit enfants comme tout le reste du village, mais la différence d'âge ne le lui avait pas permis. Il avait raison, quoique, ça m'étonnerait qu'il ait beaucoup plus parlé à sa jeune femme. Elle n'était pas muette, c'est vrai, mais elle bégayait. En plus, elle n'osait pas lui parler.

De toute façon, ce n'était pas facile pour lui non plus de perdre sa vache. Il avait des tonnes de projets pour elle. Il se vantait partout de sa race. Et lorsqu'on lui demandait pourquoi la vache ne reproduisait pas, en réponse, il disait toujours qu'il cherchait un mâle de la même race. Il pensait à acheter un taureau l'année suivante, si cette année-là, la récolte était bonne et rentable. Il pensait aussi à reconstruire l'étable pour l'élargir.

Mais dans tout ce bazar, notre mère était la plus digne de pitié. Au moment des dernières négociations, on l'entendait pleurer dans la cuisine. C'était pénible. Mais je ne pouvais rien faire. Ou pouvais-je ? Je ne sais plus.

Le premier jour où notre père alla chez eux, elle ne put fermer l'œil de la nuit tellement elle était heureuse. Elle avait cru qu'il venait demander sa main pour moi. Mais plus tard, lorsqu'elle avait su la vérité, elle avait pleuré pendant des jours. Qu'est-ce qu'elle aurait pu faire, la pauvre gamine ?

Avant de l'emmener chez nous, notre père a fait tomber le mur qui séparait notre chambre de la leur. Il voulait que la nuit de noce, sa chambre soit spacieuse. Mon frère et moi, on a dû déménager dans l'étable pour dormir. Le conducteur du bus nous a amené de la peinture de la ville. Nous deux, on a peint la chambre. C'était nous qui faisions toutes les corvées. Sa chambre était pas mal. Mon père était gai et joyeux. Je l'avais jamais vu comme ça avant. Ma mère a mis des vases de fleurs dans la chambre. Elle a changé les draps du lit. J'étais hors de moi.

Il a emmené sa femme à la maison sans faire grand tapage. La première nuit, ma mère a dormi dans la cuisine, les nuits suivantes dans le hall. Depuis son arrivée, je n'ai plus mis les pieds dans la chambre. Je ne voulais en aucun cas la croiser. Elle m'évitait aussi de son côté. Quand je rentrais de l'école, elle s'enfermait dans la chambre.

Papa n'a pas traîné du tout. La fille a accouché de jumeaux. Une fille et un garçon. Il était fou de joie. Il a fait égorger deux brebis pour célébrer leur naissance. Il a même invité tout le village au dîner. Il disait à tous ceux qu'il croisait : « l'un est un garçon ! » Comme si c'était son premier fils. Et nous, on était quoi alors ? Ça se passait toujours comme ça dans notre village. Dès qu'un père s'apercevait qu'il avait un fils, il se trouvait à la limite de l'apoplexie. Alors, il rigolait tout le temps, il était de bonne humeur avec tout le monde... Mais s'il avait une fille, c'était complètement différent. Les taquineries commençaient dès le premier jour : « Ta fille, elle est jolie, hein ! Tu veux pas la marier à mon fils ? » Lui, il ne pouvait rien dire. Il ne lui restait qu'à la fermer et à rougir jusqu'aux oreilles. Mais aucun d'entre eux n'arrivait à s'entendre comme il fallait avec son fils dès qu'il atteignait la puberté. Ils devenaient comme des ennemis, les uns avec les autres. Moi-même j'avais envie de rendre, rien qu'à voir le mien. Je savais que c'était pareil pour lui. Mais la venues des jumeaux a rendu les choses encore plus compliquées. Je savais qu'à partir de ce jour-là, rien dans cette maison ne m'appartiendrait. Bientôt, mon père ne nous laisserait plus seuls avec sa jeune femme. Même s'il s'en foutait complètement lui-même, il céderait sous la pression du regard des villageois, et il nous foutrait dehors. Alors son « fils » deviendrait le maître de la maisonnée et de la terre. La terre qu'on avait travaillée, comme des ânes. Mon idiot de frère s'en rendait pas compte. Depuis le mariage, il avait complètement perdu sa langue : le portrait craché de ma mère. Aux ordres de mon père. Accomplissant tout ce qu'il désirait. Je lui en voulais pour ça. Pourtant, quand mon père prenait son fils dans ses bras, le câlinait et le jetait dans l'air pour le rattraper, j'avais pitié de mon frère aussi bien que de moi-même.

Hier, je lus l'un des livres de l'écrivain. Les romans policiers ne me plaisent guère. Pour moi, la poésie a plus d'attrait que le roman. Dans le temps, au village, je prenais un recueil de poème, j'allais m'asseoir au bord de la rivière, et je m'imaginais déclamer des vers dans un grand salon parmi un nombre considérable de gens cultivés. J'adorais lire des poèmes de cette façon. Cela me donnait plus de plaisir.

Le roman de l'écrivain ne me plut guère. Un vieux est assassiné et un jeune capitaine se charge de retrouver l'assassin. Les personnages de l'histoire me semblèrent très familiers. Comme si je les avais connus autrefois. Ça me contraria. On arrête le frère de la victime comme coupable. Je ne pus continuer à lire. Il est insupportable d'être accusé de fratricide.

Je lui parlai de son roman. Je lui dis que les personnages de son roman me semblaient très familiers. « C'est toujours comme ça, expliqua-t-il. Quand les gens lisent un roman, ils s'identifient à l'un des personnages du récit, ou bien ils croient avoir rencontré ces personnages avant, quelque part. Et c'est vraiment comme ça. On se ressemble tous. Si l'on devait écrire l'histoire de la vie des gens dans le monde entier, une même histoire se répèterait des milliers ou peut-être même des millions de fois. Malgré les apparences qui font croire à des différences entre les gens, ils ne sont en vérité qu'une seule et même personne. Contrairement à ce qu'on peut croire, le nombre de personnes n'ajoute pas au nombre de rôles. Tout dépend de la façon dont tu joues ton rôle. Dans le récit, ça devient plus frappant, plus visible. Des fois, je confonds les personnages de mes propres récits.

» Quand on lit un récit, il faut s'attendre à tout. Un récit peut être très dangereux, tu sais. Il peut te troubler au point que tu ne puisses comprendre plus rien. Donc, tu commenceras à douter de tes capacités intellectuelles. Mais si tu lis avec confiance, si tu lis comme il le faut, le récit finira par devenir ton ami. C'est alors qu'il viendra à ton secours. » Je n'arrive pas à le croire. J'ai l'impression qu'il essaie de cacher les insuffisances de son roman en philosophant. Il est inintéressant de faire face à des personnages déchirés dans une œuvre. J'avais déjà lu d'autres romans de ce genre. Des histoires incompréhensibles et chaotiques. Désordonnées. De vrais fourre-tout. A mon avis, une histoire doit être avant tout lisible. Et non sans queue ni tête. De toute façon, je ne lirai désormais plus ses écrits. Je dois même dire que les histoires en général sont toutes un peu monstrueuses.

J'étais mal. Crispé. Exaspéré. Je détestais tout le monde et moi-même par-dessus tout. Je me faisais tout le temps des reproches. « Qu'est-ce que tu peux être lâche ? Jusqu'à quand tu veux te laisser faire ? Fais quelque chose ! Bouges-toi ! » J'avais envie d'attaquer le monde entier, mais je pouvais pas. Et ça me rendait encore plus furieux. Je m'en voulais à moi-même plus encore qu'aux autres. Fallait faire quelque chose. Je me le répétais tout le temps. « Fais quelque chose ! Mais…montre-leur de quoi t'es capable ! »

Il pleuvait depuis des jours et les classes étaient suspendues. J'étais enfermé dans l'étable. Mon père vivait dans le bonheur avec sa femme et ses enfants, embrassait ses enfants à tour de rôle, faisait le bouffon pour les faire rire. Pendant ce temps-là, mon frère et moi, on était dans l'étable comme deux veaux abandonnés. Plusieurs fois, j'ai voulu lui en parler. Mais on aurait dit qu'il était possédé. Il regardait le ciel toute la journée sans mot dire. C'était mon père. C'était de sa faute. Ma mère était devenue sa femme de ménage, mon frère son laquais, et moi ? Il se foutait bien de moi. C'était comme si j'existais même pas. Pour moi, c'était comme s'il était mort.

J'en avais vraiment ras le cul. J'en pouvais plus. Je devais en finir avec toute cette connerie.

Je me suis levé au milieu de la nuit. J'entendais mon frère ronfler. Il était à demi caché sous sa couverture, sa tête avait quitté l'oreiller pour le sol. Dehors, il pleuvait légèrement maintenant. Dans un coin de l'étable, j'ai empoigné un sac de toile et je suis sorti. Il y avait de la boue partout. Le ciel était nuageux. Je me suis approché de la chambre sur les genoux. Pendant tout ce temps, je n'ai pas détaché mes yeux de la fenêtre. Mon pied s'est enfoncé soudain dans la boue et je me suis cassé le nez en tombant. J'étais couvert de boue maintenant. Je me suis relevé avec difficulté. J'ai dégagé ma jambe. Ma chaussure était coincée dedans. Je l'ai retrouvée en tâtonnant. Elle était pleine de boue. « Je pourrais pas monter dans cet état…Laisse tomber, que je me suis dit. Ça doit être le destin qui veut t'en empêcher. Dès le début, ça part en couille. Il doit y avoir une raison. » J'ai rebroussé chemin jusqu'à l'étable mais j'ai pas pu rentrer. « Aux grands maux les grands remèdes. Fais voir de quoi t'es capable … »

Je me suis précipité derrière le bâtiment, et pieds nus, j'ai grimpé sur le mur, comme un chat. C'était le meilleur accès au toit. J'avais fait de même des milliers de fois auparavant. Je me suis très doucement approché de la cheminée. Mon père avait le sommeil léger. Fallait éviter les bruits. Autrement il se réveillerait pour mettre des bûches dans le foyer. La pluie aidait à couvrir le bruit de mes pas. Le vent faisait rage sur le toit et se faufilait dans mes vêtements mouillés. J'étais presque glacé. Je me suis réchauffé les mains avec la chaleur de la cheminée pour les ranimer un peu. J'ai sorti le sac en toile de dessous mon gilet, je l'ai chiffonné et je l'ai fourré dans le tuyau de la cheminée. Je suis redescendu du toit, léger comme une brindille. J'ai remis mes chaussures, j'étais sur le point de partir lorsque j'ai entendu le petit crier dans la chambre. La lampe s'est allumée. Je voyais se mouvoir sur la terre boueuse l'ombre noire de belle-maman berçant son bébé dans les bras. Elle se déplaçait d'un côté de la chambre à l'autre. J'ai eu la trouille. J'ai pas osé bouger. Quand le bébé s'est tu, elle s'est assise sur le bord de la fenêtre à contempler l'étable pour un bon moment. Je me suis recroquevillé dans le noir. Le bébé ne pleurait plus mais elle s'attardait derrière la fenêtre. J'avais tellement froid. Mais elle s'en allait pas dormir. J'étais presque mort de peur et de froid quand elle s'est finalement décidée d'aller se coucher, on l'aurait crue prise au dépourvu par les appels de mon père. Quand ils ont éteint la lampe, je suis rentré me recoucher.

J'étais trempé jusqu'aux os. Mais je m'étais quand même débarrassé d'un poids énorme et ça me relaxait. Mon frère dormait d'un sommeil de plomb. Je me suis recouché et j'ai bien dormi jusqu'au matin. Je me suis réveillé avec la voix de mon frère qui se disait : « C'est trop tard ! Mais qu'est-ce qu'il peut bien foutre jusqu'à cette heure ? » Je le regardais de dessous la couverture. Il avait enfilé ses chaussures et faisait les cent pas dans la chambre. Le sal con était tellement minable qu'il n'osait plus sortir de l'étable avant que papa vienne le chercher. Je voulais savoir si j'avais bien réussi. Je me suis levé. Un frisson m'a secoué dès que j'ai vu mes chaussures boueuses.

J'étais veinard d'avoir un frérot étourdi. Je les ai poussées sous les sacs d'un mouvement de pied. Et j'ai ouvert la porte. Mon frère s'est rué dehors comme un mouton qu'on vient de lâcher dans les pâturages.

Chapitre 2

Tu enlèves tes gants en cuir et tu les places sur le plateau en verre de la table basse au milieu de la pièce. Le verre a la forme d'un requin et en dessous, il y a un aquarium plein de poissons colorés qui déambulent entre les coquillages du fond. Tu te frottes les mains mouillées de sueur. Tu croises les jambes et adresses un sourire amical, laissé sans réponse, à la secrétaire. Cependant, tu es sûr qu'elle te reconnaît. Qui pourrait ne pas te reconnaître dans la ville ? Appuyé sur un coude, tu te mets à la reluquer. Comme tu peux être anxieux ! N'y pense pas ! Tu peux et dois oublier tous les événements de ce matin. Tu ne dois pas te laisser influencer par quoi que ce soit. Pense à autre chose. Pense à ton avenir.

Ta réputation dépassera bientôt les frontières de la ville et celles même du pays. Et cela même te permettra d'avancer encore plus rapidement. L'année prochaine tu seras directeur général de la police nationale. La publication de ton livre te rendra encore plus célèbre et donnera une meilleure image de toi. Le meurtre de ta femme y sera pour quelque chose. On en parlera pendant longtemps. D'aucuns l'imputeront à la mafia agacée par tes investigations acharnées, d'autres accuseront le terrorisme international, et bien d'autres encore le verront comme un acte de perversion sexuelle. Toutes ces rumeurs te placeront encore plus au centre des attentions. Tu recevras des faire-part de tous les coins du pays : « Fils de la nation, on sera à jamais à tes côtés. » ou « Garde ta force intacte, à l'instar d'une montagne ! ». Tu seras à la une de tous les journaux, et du jour au lendemain tu deviendras le policier le plus populaire du pays. Tu auras sacrifié ta femme, ton amour et ta vie pour la sécurité du peuple. Les journalistes inventeront des histoires sur votre amour. Les chaînes d'actualité projetterons ses funérailles en direct partout dans le monde. Tout sera comme dans les films, spectaculaire et merveilleux. Les hommes d'Etat seront de la partie ; le Préfet donnera un discours sur sa tombe. Toi, d'un visage déterminé mais triste, tu te tiendras debout, fort et inébranlable auprès du cercueil, et tu placeras dessus un bouquet de fleurs rouges tandis qu'un léger vent glissera dans tes cheveux et te décoiffera. Des larmes te couleront des yeux et te mouilleront le visage. Les participants, la première Dame du pays entre autres, sont tout autour sur la pelouse, et le monde entier les voit pleurer à tes côtés. Toutes les femmes du pays souhaiteront être à la place de la défunte, couchée dans le cercueil comme un ange. Qu'est-ce qu'une femme désirerait dans la vie sinon une vie amoureuse, une mort innocente et des funérailles somptueuses ?

Tu vois, l'écrivain qui t'a causé tant de soucis, et ta femme qui allait tout détruire aujourd'hui, t'ont préparé le chemin du succès. Un étrange monde quand même. Les meilleures choses nous arrivent toujours via nos ennemis et pas nos amis. C'est un secret qui n'est pas à la portée de n'importe qui.

Tu te lèves. Tu enlèves ton manteau. Tu ne te rends pas à ce genre de rendez-vous en uniforme de police. Tu remarques un accroc irrégulier à ta manche, qui est en partie ensanglantée. Tu n'as volontairement pas changé ta chemise. Après toutes ces années, tu sais que ces petites traces peuvent t'être utiles plus tard. Tu bouges ton bras de sorte que la secrétaire puisse voir les tâches de sang et l'accroc. Elle est certainement la confidente du directeur de l'édition et lui rapporte tous les petits détails. Tu accroches le manteau, rajustes ta chemise, et retournes à ta place. La secrétaire se penche de nouveau sur l'écran de son ordinateur.

Il s'est passé longtemps depuis la dernière fois que tu es venu ici. Ce jour-là, tu t'étais réveillé plus tôt que d'habitude. Tu venais de rentrer de la guerre et tu vivais seul. Il était toujours entre chien et loup, mais tu avais peur d'arriver en retard. Tu as pris une douche, tu t'es rasé, tu as ciré tes chaussures, tu as mis une tenue de cérémonie. Tu es sorti de chez toi sans avoir pris ton petit-déjeuner. Il n'y avait toujours personne dans les rues. Tu aimes les rues désertes et somnolentes du début de matinée. Le froid matinal t'a fait frissonner. Tu t'es enveloppé dans tes habits. Tu t'es souvenu d'elle. Un plaisir étrange s'est emparé de toi. Tu avais envie de son étreinte. Tu as perdu le sens de la réalité. Tu étais dans la rue qui menait chez elle. Le soleil pointait juste au bout de la rue. Le klaxon d'une voiture errante dans la rue t'a sorti de tes rêves. Tu venais de t'apercevoir qu'il commençait à se faire tard. Nerveux, tu es revenu sur tes pas en courant. Bon... tu étais jeune et amoureux à l'époque. Jeunesse oblige.

Il y avait beaucoup de photographes et journalistes. Tu es resté tout ce temps-là au garde-à-vous près du fauteuil du directeur général de la police. Comme si le directeur général, toi et son fauteuil ne faisiez qu'un. Tu éprouvais de l'affection pour lui. Tu souhaitais l'accompagner partout. Lui aussi, il te soutenait et te protégeait toujours comme un gentil papa. Si tu te trouvais face à une difficulté, tu savais qu'il y aurait quelqu'un pour te soutenir. Et toi, en revanche, tu exécutais ses ordres sur-le-champ. Après l'interview, il t'a présenté au directeur de l'édition. C'était la première fois que tu entendais son nom. En descendant les escaliers de l'édition, tu as senti la lourdeur d'une main charnue sur ton épaule, et tu l'as entendu dire : « Ecoute-moi bien, mon enfant. Si tu veux qu'on te laisse tranquille, occupe-toi de ce type. » Il avait pleine conscience de l'importance de l'amitié des éditeurs et journalistes.

Tu mets ton cartable sur tes genoux. Tu l'ouvres. Ton cœur bat toujours fort quand tu veux ouvrir quoique ce soit. Tu as peur de ne pas y parvenir, même s'il s'agit d'ouvrir une chose aussi banale qu'un cartable. Il faudra te débarrasser de ces angoisses irraisonnées. Tu en tires les papiers. Hier, quand la cour a déclaré la culpabilité des accusés, l'histoire a pris fin, il te fallait juste arriver au bout du livre. Tu avais si longtemps attendu et espéré cet instant. Tu avais tant de fois été pris d'envie de boucler le livre avant la fin des investigations. Les dernières séances de la cour étaient longues et ennuyeuses. Les avocats, rusés et malins qu'ils étaient, te rendaient furieux. Même s'ils savaient que toutes leurs manœuvres n'auraient aucune influence sur la décision du tribunal, à chaque séance ils se référaient à un nouvel article du vertigineux code pénal pour traire encore plus leurs clients. Ces derniers devaient certainement être en manque d'argent pour que leurs avocats aient cessé d'inventer d'autres astuces. Tu t'es maîtrisé tout ce temps-là en te répétant : « Laisse-les se débattre… ils seront encore plus fatigués. Tu les auras plus facilement. »

Les frères ont été déclarés coupables pour désertion en temps de guerre et l'écrivain pour passage illégal de la frontière et atteinte à la vie privé des deux frères en s'emparant de leurs écrits.

Les deux frères se sont décarcassés pour rien. Non seulement ont-ils dû payer les avocats, ils devront également passer une bonne partie de leur vie derrière les barreaux. Au moment où le tribunal s'est prononé, l'écrivain somnolait comme d'habitude. Ses paupières couvraient à demi ses petits yeux qui fixaient un point obscur. Deux gardiens très robustes lui ont mis des menottes et l'ont conduit vers l'extérieur sans aucune résistance de sa part, mince et fragile qu'il était. Il ne s'était même pas défendu dans le box des accusés. Le juge devait répéter plusieurs fois chaque question pour qu'il la comprenne. Ensuite, celui-ci se levait, se grattait le bout du nez, et donnait une réponse vague et impertinente. « Je ne peux pas comprendre, votre Honneur, pourriez-vous m'expliquer un peu plus ? » ou bien : « Argent ? Mais il n'y en a plus… tout a été dépensé pour régler les dettes… et je remercie Monsieur le directeur de la maison d'édition qui s'est chargé du règlement des frais de l'hôtel. »

Les deux frères étaient à deux pas de devenir fou lorsqu'ils ont appris la durée de leur condamnation. Le cadet, plus robuste et fort que son frère s'est attaqué à celui-ci qui regardait la fille. Toi aussi, tu ne pouvais t'arrêter de la mâter. Elle portait un chemisier à manches courtes et une jupe longue. Dès que tu l'as vue, tu n'as pu t'empêcher de la regarder : sa longue chevelure noire, sa longue taille et sa peau basanée te renversaient vers les profondeurs oubliées de ton âme. Tu avais rougi comme d'habitude et ton cœur battait très fort contre sa cage. Tu ne t'apercevais même pas de la bagarre entre les deux frères. Il ne leur restait plus qu'à se tuer. Les gardiens ne faisaient rien de plus que les regarder. Finalement, comme si la fille te l'avait demandé, tu as fait signe aux gardiens de les séparer.

Tu as réussi à convaincre le juge de la culpabilité de l'écrivain pour avoir lu, sans autorisation, le journal des deux frères, et non pas pour l'adaptation romanesque qu'il en a faite dans son livre. Tu peux te mettre à l'œuvre maintenant et écrire ton propre livre. Personne ne peut désormais te reprocher quoi que ce soit. Aux questions des journalistes qui demandent ton avis sur cette affaire, tu réponds vivement : « Bon… sans aucune envie d'intervenir dans les affaires de la cour, je dois avouer en tant que citoyen et non en qualité de directeur général de la police, que l'adaptation du journal des deux frères et sa publication éventuelle ne posent aucun problème judiciaire. Ce qu'a fait l'écrivain dans ce cas précis n'est nullement considéré comme un vol. Les deux frères pourront également faire publier leur journal, s'ils le désirent. »

Lorsque le bruit court à propos de la publication éventuelle de ton livre, les journalistes t'entourent de nouveau. Tu réponds : « Si mon acte est perçu comme contraire à la loi, je ne publierai jamais mon livre. » Dans une interview accordée à une chaîne télévisée, tu as tenté d'améliorer ton image. « Les mots et les expressions sont des biens collectifs. Le fait de les avoir enchaînés ne confère aucun droit à leur auteur sur les mots. Quelle est la source d'inspiration des écrivains, sinon la vie des gens ? N'est-ce pas que les écrivains mettent en page ce que les autres font dans la réalité ? Moi, je me suis inspiré du livre de l'accusé. Si l'on veut rester juste, il faut admettre que le plaidoyer des deux frères n'avait aucune assise légale. Le livre de l'accusé n'a rien à voir avec leurs écrits disparates, incohérents et abscons. Si l'on publiait leur journal dans cet état, même pas un exemplaire ne se vendrait. Dire qu'il serait devenu le livre de l'année ! Cet écrivain a composé un roman à partir de leurs écrits. Quand quelqu'un crée un chef-d'œuvre à partir d'un meurtre, cela ne veut pas dire que le tueur est un grand artiste ou avait sa part dans cette création. Les deux frères ont simplement transcrit leurs expériences, aussi bien que l'écrivain. Ainsi que moi, d'ailleurs. J'étais obligé de lire minutieusement les livres de l'écrivain, les écrits des deux frères, pour les comparer ensuite, afin de ne laisser rien échapper à la justice. Je crois que la lecture est l'événement le plus magnifique qui puisse arriver à quiconque. Moi, j'ai écrit à propos de l'événement le plus grand de ma vie. »

La nuit, après le souper, tu es allongé sur le canapé. Ta femme assise sur le bord du canapé, bien maquillée comme d'habitude, porte ce parfum familier que tu ne sens même plus depuis bien longtemps. Tu fermes les yeux. Tu as toujours eu du nez pour les récits. Depuis le temps où tu racontais à tes camarades de classe des histoires folles à propos de ton père, jusqu'à ce jour où tu amusais les journalistes avec.

Tu t'es vidé la tête. Quelques secondes ont passé dans le silence. Tu avais un sentiment étrange. Tu étais ému. Pour inventer une histoire, rien n'est mieux que cet état étrange et troublé où l'on n'est plus soi-même. Rien n'est alors pareil qu'auparavant, tout en étant la même chose. Ta femme, ta maison, tes meubles, ton entourage et même toi. A tes yeux, tous se révélaient différents, changés. Tu les sentais tous avec une perception évoluée. Tout s'était mélangé, le reste d'un sandwich, la note de l'instrument d'un vieux Vietnamien, deux grandes tours de commerce dans ta ville, un caillou avec lequel quelqu'un se torche le cul dans un désert en Afrique, et un petit nègre africain qui deviendra le président de ton pays. L'histoire prend forme de la sorte. Ces instants-là sont les instants de créativité.

Instants de métamorphose. Instants de spectacle. Instants de conscience aiguë et originale. Des fois, très courts. Aussi petits que le fragment le plus basique du Temps. Lors des investigations, il t'arrivait tout d'un coup de ne plus savoir si tu étais le procureur ou l'accusé. Un état où tu te sens mourir. Ces instants-là, très courts mais éternels, sont passagers et tu redeviens très vite maître de toi-même. L'humain se perd dans ces instants-là. Les autres ne pourront certainement pas comprendre quoi que ce soit à cet enchevêtrement de langues, cultures, lieux, temps, choses, et personnages. Oui. C'était le meilleur rôle. C'était *le* rôle. Te cacher dans l'enchevêtrement des récits.

Il était temps. Tu as commencé inconsciemment :

« Ils ont parcouru des allées obscures et noires. Des maisons énigmatiques et tristes s'alignaient bras dessus bras dessous, au garde-à-vous comme des soldats. Il faisait toujours noir. Ayant rôdé et geint toute la nuit, les nuages, épuisés et languissants, tournaient leurs yeux vers le bas et s'étaient figés sur place. Comme s'ils ne pensaient plus à partir.

- On est là, patron.

La voiture s'arrêta. Le jeune officier releva un peu le bas de son manteau pour éviter de le souiller dans la boue. Le cadavre baignait inerte dans son sang boueux derrière le mur d'une maison. Une foule s'était réunie autour de lui.

L'officier ordonna de faire disperser la foule. Il se tourna vers l'agent qui l'avait tiré de son lit ce matin : « C'est bizarre !… qu'est-ce qu'ils font ici, tous ces gens-là, si tôt le matin ? » Le sergent qui n'était plus jeune, bâilla et répondit après une pause d'une voix nasale et avec un accent de paysan : « C'est toujours comm' ça, patron. C'est l'odeur du corps. Ç'attire les hommes, comm' ç'attire les loups. »

Précisément à cet instant, à l'instar d'un grand appareil photo, le ciel projeta un flash, éclaira la rue avant de gronder et d'éclater en averse. Les gens s'en sont allés à la recherche d'un abri, sauf quelques curieux qui s'alignaient toujours derrière le ruban jaune de la police, et de là, continuaient à surveiller, dans une euphorie maligne, le cadavre et le policier qui prenait des photos. Ils plissaient les yeux et changeaient d'angle pour mieux voir la scène. Ils secouaient la tête et échangeaient quelques mots de temps en temps.

L'officier se couvrit la bouche du revers de la main et bâilla. Ses gants en cuivre doux et astiqué et son allure le distinguaient des autres policiers. Les gants étaient un cadeau de la part du Préfet à l'occasion de la célébration des héros de la guerre. Pourtant, il était pâle et pas du tout en forme. Ses yeux bouffis ne laissaient rien apparaître de son habituelle allégresse. Il avait passé une nuit terrible. Il avait avalé une poignée d'aspirines et d'autres pilules mais n'avais pu fermer les yeux de la nuit. Des images hallucinantes et bizarres avaient circulé dans sa tête, sans lui ménager une seconde de repos. Il avait fait tout ce qu'il faisait dans de telles situations pour se calmer. Ramener ses genoux sur sa poitrine, se tordre dans ses draps. Se tourner et se retourner dans son lit. En vain. Il avait laissé pendre sa tête hors du lit. Il l'avait enfoncée sous son oreiller et l'avait pressée des deux mains. Il s'était même dressé sur le bout des pieds et avait ouvert ses bras en forme de croix au point qu'il en avait eu mal aux épaules. Finalement, il s'était assis sur le bord du lit, s'était tenu la tête entre ses deux mains, s'était courbé comme s'il se prosternait devant son Dieu. Mais toujours en vain. Au petit matin, il commençait à s'assoupir lorsque la sonnerie de la porte l'avait fait sauter. Son cœur s'était affolé encore plus. Il s'était mis à quatre pattes sur son lit, avait dressé machinalement son cou en direction de la porte et avait crié craintivement, à la façon des soldats en faction : « qui est-ce ? C'est qui ? » Sa tête avait balancé épouvantablement à chaque cri. « Ouvrez, capitaine ! » avait répondu une voix. »

Tu as lu cette dernière phrase d'une voix dansante et d'un accent étrange. Ta femme a éclaté de rire. Cela t'a fait rire aussi. Tu abandonnes l'histoire ici. Tu l'embrasses et la caresses. Tu te lèves. Elle s'offre à toi. Tu la soulèves comme un lion tiendrait une gazelle dans son museau, et tu l'emmènes dans la chambre à coucher. Tu as peur comme toujours et ton cœur bat encore plus fort. Tu t'apaises après quelques coups de reins infructueux. Tu te recouches sur le dos et tu fixes un coin du plafond. Ta femme a allumé une cigarette. Elle en tire une bouffée et te la passe. Tu te plonges dans les images du plafond. Tu en ressens un étouffement. L'infini jeu des images reprennent. Elles s'enchaînent pendant quelques instants, comme une longue séquence d'un film, mais s'estompent avant d'achever le récit, et la série suivante débute. La cigarette est à moitié consumée. Tu as les traits tirés, comme souvent auparavant. « Et qu'est-ce qui s'est passé ensuite ? » demande ta femme. Elle ne souhaite pas te laisser le temps de réfléchir. Tu fixes toujours le plafond. On aurait dit que les événements se produisaient dans un coin du plafond.

« Le meurtre avait eu lieu dans un des quartiers populaires et miteux du centre-ville. L'officier connaissait bien ce genre d'endroit. Il avait grandi dans une rue semblable à celle-ci, d'atmosphère moite et tumultueuse. Il avait attendu depuis bien longtemps ce moment-là. Il avait passé de nombreuses années dans l'espoir de combattre un jour la violence et le crime. Depuis sa petite enfance. Soudain, les souvenirs enfouis dans les profondeurs de son âme ressurgirent. Surtout, le visage de sa mère entouré d'une écharpe bleue, ses longs cheveux noirs et ses yeux inquiets.

Ils ne fermaient pas l'œil de toute la nuit à cause du tapage et des éclats de rire des baltringues du quartier. Des voix leur parvenaient de derrière la porte : « Ouvrez mes petits ! C'est votre papa ! » Ça le remplissait d'un tel bonheur qu'en courant vers la porte, il tombait plusieurs fois et devait se relever. Il essayait de pousser le gros meuble qui barrait la porte fermée. Mais ils frappaient si fort contre la porte que la peur s'emparait de lui et qu'il devait retourner dans les bras de sa mère, tremblant de peur. Déçu de retrouver son père, il se pressait contre la peau douce et mate de sa mère, comme s'il voulait de nouveau rentrer dans son corps.

Pendant de longues et froides nuits, il reposait sa tête sur les genoux de sa mère, assise près du foyer, afin qu'elle lui raconte les histoires du passé. L'histoire du grand-père et de la grand-mère qui étaient morts depuis bien longtemps. Les histoires d'antan. Celles du village. Du temps où on pêchait dans les rivières et cultivait des pommes de terre dans les champs. Des accidents qui pourraient survenir dans la vie de tous et détruire tout. Surexcité, il écoutait chaque soir les histoires de la bouche maternelle. Il regrettait que sa mère n'eût une poche ventrale où il aurait pu se cacher pour toujours. Sa maman parlait des grandes montagnes couvertes de neige qui entouraient le village ; des rivières dansantes et chantantes serpentant au sein des prés ; des oiseaux migrants, des fers des chevaux, de la moisson, de la récolte, des gens du village et des pommes terre cuites sous des braises… elle parlait de tout et de tous, mais jamais un mot sur son papa. Plus il grandissait, plus il avait des questions le concernant, moins il arrivait à la faire parler. Ainsi, il ne sut jamais rien sur lui. Et une pulsion profonde et étrange devint par la suite son éternel compagnon de route, celle le poussait aussi, malgré le risque de contrainte, vers le gros coffre placé depuis toujours dans le coin de la chambre, dont le cadenas était non seulement plus grand que ses mains mais aussi celles de sa mère. Il tirait sur le cadenas de toutes ses force, mais en vain, comme si son battant était destiné à rester fermé jusqu'à l'éternité. Il pensait parfois que son père avait peur et se cachait dedans. Quand sa mère n'était pas à la maison, il essayait de voir l'intérieur du coffre, mais il ne voyait rien. Il faisait de ses mains un entonnoir autour de sa bouche, et par les soudures du coffre, très doucement, de manière à ne pas effrayer encore plus son père, il appelait : Papa, Papa. Ensuite, il collait son oreille contre le coffre pour entendre la réponse. Il s'était habitué à parler au coffre, même en présence de sa mère. Elle le grondait sans véritable conviction. Le comble c'était qu'il s'endormait certaines nuits à côté du coffre. Parfois, sa mère sursautait en entendant sa voix qui s'adressait au coffre. Elle fut enfin obligée d'ouvrir le cadenas. Il lui manquait le souffle quand elle souleva le battant. Il en resta bouche bée. Bien qu'il fixât l'intérieur du coffre, il ne put rien voir pendant quelques instants.

Dedans, il n'y avait rien à part un costume pour homme, une paire de chaussures, et un bout de drap brodé roulé autour de quelque chose. Il en était étonné et déçu. Sa mère saisit le drap et le déplia avec hésitation. Un couteau apparut. Il oublia tout dès que son regard tomba dessus. Un manche en coquillage gravé de figures dansantes et enchevêtrées. C'était la chose la plus belle qu'il n'eut jamais vu jusqu'à ce jour. Sa mère expliqua que son père avait été tué par une nuit pluvieuse avec ce même couteau. Mais lui, il ne comprenait pas du tout ce que tout cela voulait dire. Il ne savait pas si c'était bien ou mal de mourir sous les coups d'un couteau par une nuit pluvieuse. Ce qu'il savait au juste, c'était que cela même l'avait empêché de voir son père. Désormais, il le portait toujours sur lui. Les nuits, quand le vacarme régnait derrière leur porte, et que des coups étaient frappés contre, il demeurait face à la porte, le couteau au poing, pour protéger sa mère. Plus tard, à l'école, il le mettait dans sa poche. Parfois il le montrait à ses camarades et leur racontait avec chaleur l'histoire du meurtre de son père par une nuit pluvieuse. Les enfants étaient éblouis par les incrustations du manche et par l'éclat de la lame.

Quand il l'avait sur lui, il ne sentait plus le besoin du père. Le couteau lui donnait une valeur nouvelle. On le traitait comme un adulte et il se prenait pour un adulte.

Si quelqu'un cherchait à ennuyer sa mère ou sa propre personne, il sortait tout de suite son couteau et faisait briller la lame. Sa mine changeait aussitôt, ses yeux devenaient rouges, les veines de son cou gonflaient de colère et il ne voyait plus que le couteau et son ennemi. Pourtant, il lui arriva rarement de s'en servir. Normalement, dès qu'il libérait la lame, son adversaire horrifié par le couteau et on expression agressive renonçait. Il n'y avait plus aucun bruit derrière la porte pendant la nuit, personne ne frappait. On le connaissait partout maintenant, au point qu'on venait le cherchait quand il y avait une bagarre quelque part. Il acceptait de bonne grâce, toujours prêt pour de nouvelles aventures. C'était ce qu'il adorait.

Une fois, lors d'une mêlée sanglante dans le quartier, il fut attaqué par plusieurs personnes, tous munis d'épées et de sabres. Avant qu'il ait eu même le temps de sortir son couteau, il fut roué de coups et presque dépecé. Il n'avait pu rien faire à cause de la douleur et de la peur. Il s'était pissé dessus. La seule chose qu'il put faire, ce fut de prendre la fuite dans le désordre régnant et de se traîner chez lui. Il était sur le point de mourir, tellement il avait perdu de sang. Sa mère verrouilla la porte comme jadis, poussa la grande table du salon contre elle et la coinça. Les agresseurs cognaient à la porte et les menaçaient sans cesse : « allez ! Sortez, les enfants…Papa est là ! »

Sa mère pansa ses blessures avec son foulard, mais le sang ne cessait de couler. Elle était perturbée. Elle ne savait pas ce qu'elle devait faire. Elle arrachait des morceaux de ces habits avec ces dents pour panser ses blessures et empêcher le sang de couler. Son fils allait succomber sous ses yeux, mais elle ne pouvait rien faire. Elle n'avait rien pour le nourrir, ni de quoi le soulager de ses maux. Le sang avait couvert tout le plancher et son fils était tout jaune. La robe plissée de la femme était complètement effilée maintenant et ses lambeaux enserraient et resserraient les blessures du fils. Les agresseurs avaient quitté la place maintenant. On ne les entendait plus derrière la porte. Son fils agonisait sous ses yeux. Il fallait faire quelque chose. Mais il était impossible de sortir dans cet état. Il fallait attendre la tombée de la nuit. A ce moment-là, elle sortit sans foulard, portant sa robe qui n'en était plus une. Vers l'aube, ébouriffée et épuisée, elle rentra avec un drap et un peu de viande. Désormais, personne ne vint frapper à leur porte pendant les nuits, aucune voix hostile ne se fit entendre dans la rue.

Il resta alité plusieurs semaines durant. Pendant plusieurs mois encore, le courage lui manquait pour sortir de la maison. Après cet événement, il avait roulé le couteau dans le bout de drap et l'avait remis dans le coffre. Il était décidé, dès ce jour-là, de devenir un policier quand il serait assez grand.

L'officier leva la tête et regarda les nuages. La pluie ne tombait plus avec force maintenant. Il ouvrit la bouche. Quelques gouttes de pluie lui coulèrent dans la gorge.

- Ah ! La pluie de printemps ! Violente et colérique d'abord, elle s'apaise ensuite comme pour te caresser.

Le sergent, fatigué, répondit ironiquement : « Oui, patron. Surtout sur un cadavre au coin d' la rue. Sa femme et ses enfants l'attendent quelque part, ça c'est sûr. Ils ne savent pas que les caresses de son amant au coin de la rue l'ont… »

L'officier fit la moue. « Bien sûr…vous avez des gants ici ? » demanda-t-il, un peu irrité, sur un ton qui rappelait sa position hiérarchique. Un stagiaire lui répondit par l'affirmative. L'officier enleva ses gants en cuir et les tendit orgueilleusement au sergent, comme à son laquais. Celui-ci les attrapa à contrecœur et ronchonna dans sa barbe. L'officier enfila les gants en latex. Lentement et difficilement, il retourna le cadavre dont le visage était couvert d'une couche de boue cramoisie. Il portait des vêtements misérables. Malgré son petit corps, il était devenu lourd à cause de l'eau de la pluie qui imprégnait ses habits en laine. « Une vraie passoire. Regardez… plus de deux cents coups. » Il s'interrompit pour sortir un petit carnet de la poche intérieure de son manteau maintenant couvert de boue. Tout en prenant des notes, il ajouta : « L'assassin : homme, gaucher, fort, au moins trente centimètres de plus que la victime, et très cruel bien sûr…il devait en tenir une de la victime. »

- Qui sait ? peut-être qu'il est l'un de ces fous enragés qui portent le meurtre en eux…

« Non, sergent » dit l'officier fièrement en ouvrant délicatement les doigts fins et serrés de la victime et en extrayant un bout de tissu d'entre eux. Il le montra au stagiaire et commenta : « Ça doit appartenir aux vêtements de l'assassin. Trop cher pour appartenir à un 'fou enragé'. » Il le tint en l'air. Le stagiaire apporta un sache, et l'autre l'y déposa soigneusement. Il écarta les doigts de l'autre main que la victime tenait contractée sur sa poitrine. Il y avait une mèche de cheveux courts. Le stagiaire apporta vite un autre sachet. L'officier reprit ces gants sans même regarder le sergent. « Faites-les examiner au labo. J'espère qu'ils pourront nous fournir des indices. », dit-il en montrant du doigt les sachets. « On en a fini ici. Amenez le corps chez le légiste. Impossible de trouver des empreintes digitales sous cette pluie. Et vérifiez si on a bien enregistré la disparition d'un homme d'environs soixante ans depuis hier soir. Prenez sa photo, et enquêtez dans le quartier sur son compte. Il doit vivre dans les entourages. Allez, sergent, magnez-vous. Quant à moi, je fais un tour pour voir... »

Les agents placèrent le cadavre dans la housse mortuaire, et l'emmenèrent. Quelques minutes plus tard, on débarrassa la rue des rubans jaunes et la foule se dispersa. La pluie effaçait lentement la ligne blanche qui dessinait les contours du cadavre sur le sol.

Le soleil sortait de temps en temps de derrière les nuages et s'y cachait de nouveau. La pluie s'était arrêtée et un vent frais soufflait doucement. L'officier releva le col de son manteau. C'était le premier dossier complètement à sa charge. Mais il avait assez d'expérience compte tenu de sa longue participation à la guerre. Après la faculté de Police, il s'était proposé comme volontaire pour aller à la guerre. Maintenant que celle-ci était finie, il pouvait enfin réaliser son rêve d'enfance : combattre la corruption et la violence en qualité de policier.

Il prit l'une des ruelles qui menaient à l'endroit du meurtre. De vieux bâtiments aux murs très hauts, dont la taille n'avait rien à voir avec la largeur de la ruelle, la resserraient des deux côtés.

C'était le petit matin et les gens sortaient hâtivement de chez eux. Quelques fenêtres étaient ouvertes, et l'on pouvait entrevoir de vieilles femmes grassouillettes nettoyer leur logis. De petits vendeurs à la sauvette étaient accroupis sous le soleil. Une eau sombre charriait des ordures dans le petit caniveau creusée au milieu de la ruelle comme une étroite gouttière horizontale.

L'officier enleva son manteau et le posa sur son bras. Le soleil était dans le ciel, et il faisait plus chaud. Le fort et bizarre sentiment habituel s'empara de nouveau de lui. Le même sentiment qui l'avait accompagné depuis sa naissance et avant même. Le même sentiment qui, avant le tirage au sort, l'avait renseigné sur le nom de la personne qui devait sortir de l'urne. Cette fois, c'était le même sentiment qui le poussait de l'avant dans ces petites ruelles dédaléennes. Il s'avançait à pas précipité et se sentait capable d'arrêter l'assassin sans preuve ou même sans aucune investigation. A chaque pas, il se sentait plus près de l'assassin. Son cœur battait de plus en plus fort et il l'entendait comme la grande percussion des forces telluriques. On aurait dit qu'un homme à la stature mythique frappait de tout son saoul. Il s'immobilisa dès le dernier coup. Il se tenait devant un pavillon à demi en ruine entouré de hauts bâtiments. Les parements étaient imprégnés d'eau de pluie. L'officier eut froid, remis son manteau et sonna trois fois. Sans aucune réponse, la porte rouillée à battant simple grinça et s'ouvrit à demi. Les rayons du soleil s'étendirent sur le plancher du vestibule. Le policier entra subitement et referma la porte derrière lui.

Le bureau du légiste était situé dans un grand bâtiment toujours en construction au centre-ville. L'officier, essoufflé, descendait avec peine les escaliers menant au sous-sol. On aurait dit qu'il avait vieilli de trente ans depuis une demi-heure. Il y arrivait avec un peu de retard. Le sergent et le médecin légiste se tenaient debout près de la table d'autopsie dans la vaste salle froide, moisie et sombre. Ils l'attendaient. Le cadavre semblait plus petit que lorsqu'on l'avait trouvé sur les dalles. Ce petit cadavre faible et fragile ressemblait plus au corps d'un gosse de douze ou treize ans, qu'au corps d'un vieux de soixante et quelques. Il avait été si malmené qu'il en perdait ses entrailles. Il y avait d'autres tables aussi dans la salle sur lesquelles d'autres cadavres gisaient, couverts de draps blancs qui étaient bombés au niveau du front, descendaient sur le cou, atteignaient leur sommet sur l'estomac, et ensuite atterrissaient pour rebondir un peu avec les orteils.

L'officier rendit leur salut au passage, serra la main du légiste mollement et se plaça en haut de la table. Ses mains se mirent soudain à trembler et son visage devint aussi pâle que les cadavres qui l'entouraient. Le sergent adressa un clin d'œil au médecin et leurs lèvres s'entrouvrirent à peine le temps d'un bref sourire. « Ça va bien, patron ? » dit le sergent méchamment. L'autre se taisait. « Vous feriez mieux de sortir, on vous apportera les photos et les rapports, patron », hasarda cette fois le sergent avant de se taire. Il regarda encore le légiste du coin de l'œil et sourit. Celui-ci ne rendit pas cette fois à son sourire. L'officier alla s'asseoir sur une chaise au coin du salon. « Il aurait été tué à environ vingt-trois heures hier soir. Avec un couteau, une lame spéciale, et des coups nombreux. Aucun coup décisif. Plus de trente dont chacun aurait suffi à le tuer sur-le-champ. Du jamais vu je vous dis ! » expliqua le légiste qui se pressait pour se débarrasser de cette affaire afin de s'occuper des autres cadavres.

« Pauvre…Pauvre vieux… je le con.. », balbutia l'officier d'un air absent comme les insomniaques. Le légiste ne parvint plus à se retenir et éclata en un rire muet, suivi par le sergent. L'officier fixait un point vague. « Patron, j'y étais pas mais à ce qui paraît c'était une guerre affreuse, on dit qu'elle nous rend dingue. », dit le sergent afin, semblait-il, de marquer le coup, tout en étant secoué par l'effort qu'il fournissait pour étouffer son rire. L'officier se reprit un peu. « Ce vieux est le père de mon adjoint pendant la guerre. Son fils s'est fait tuer, et c'est moi qui lui ai ramené le cadavre. Pauvre vieux ! » dit-il en prenant son habituel ton péremptoire.

- Ouais…Ouais, patron… vous avez pas l'air très en forme. Vous feriez mieux d'aller vous r'poser…
- Il faut tout de suite informer sa fille.

- Vaut mieux rentrer, patron. Ça a pas l'air d'aller…, dit le sergent, qui prenait visiblement les paroles de son supérieur pour des délires, et qui serrait les deux bras de celui-ci, comme ferait-il avec un enfant.

L'officier s'en offusqua. Il s'arracha violemment des mains du sergent. « Tu me casses les couilles, vieux sac à merde ! Tu te prends pour qui, hein ? Tu fermes ta gueule et tu obéis aux ordres ! » cria-t-il presque.

Le vieux sergent en fut vexé, surtout qu'il avait été maltraité en présence du légiste. Et bien qu'il fût complètement conscient des conséquences d'une dispute avec un supérieur récemment de retour de la guerre, et dont la photo ornait le mur du bureau, il n'hésita pas à rétorquer : « et toi, tu ferais mieux de te calmer, mon gars ! Le pauv' type pouvait même pas se branler, et toi, tu veux informer sa fille ! » L'officier en fut choqué. Il regarda le légiste avec suspicion. Celui-ci, évitant d'intervenir dans la dispute, annonça sur un ton sérieux : « Mes investigations montrent que la victime était émasculée. »

- Vous en êtes sûr ?
- Absolument.
- Mais c'est pas possible… il doit avoir été émasculé après la naissance de se enfants…dans un accident ou une maladie…
- Non, monsieur. Il est certain que la victime avait été émasculée dès sa petite enfance. On peut dire qu'il ne pouvait pas performer sexuellement. Je vous en assure, il ne pouvait

pas avoir d'enfant. Tout médecin légiste pourra vous le confirmer autant que moi.

L'officier en demeura perplexe. Des images floues et enchevêtrées et des bruits de toutes sortes s'enchaînaient dans sa tête. Une pluie rouge sur les dalles de la rue, deux coups de feu auprès des arbres gigantesques… il ne pouvait plus respirer. Il avait l'impression de suffoquer dans la fumée d'un feu étouffé. Il se tut un moment. Le légiste ne tenait pas sur place. Le sergent avait rougi et battait des paupières de façon anxieuse et l'officier regardait, bouche bée, l'air innocent. « Bizarre… incroyable, stupéfiant », se répéta-t-il et secoua la tête. Il se calma un peu, signa le rapport du légiste et en prit une copie. Celui-ci avait esquissé la forme probable de l'arme du meurtre. Une dague avec une lame dotée de deux petites bosses sur les deux côtés.

Le sergent, suivant son supérieur, entra dans un long et étroit couloir. Il ne voulait pas que leurs yeux se croisent. Le quartier général militaire avait confirmé la vérité des propos de l'officier et leur avait fourni les coordonnées de la victime. La même adresse que l'officier avait indiquée. Malgré son comportement indélicat chez le légiste, le sergent n'avait pas reçu le châtiment qu'il craignait ; l'ancien combattant ne l'avait pas licencié, il ne l'avait même pas dégradé ou affecté à un poste inférieur, dans un coin perdu du pays.

De l'autre côté du vestibule, l'ombre d'une femme s'étendait sur le plancher. Le couloir long et froid menait à une chambre étouffante et isolée. Sans mot dire, la femme les regarda entrer. L'officier tira l'une des chaises de sous la table du centre de la pièce et s'y installa. La femme restait toujours sur place sans la moindre réaction. L'officier l'invita à s'asseoir. Les fenêtres étaient couvertes d'épais rideaux. Il demanda au sergent de les écarter. La lumière se rua à l'intérieur. La femme se couvrit les yeux du bras et détourna la tête. Le sergent se tenait derrière son chef, en face d'elle. Ce n'est qu'à ce moment qu'il put voir son visage. Il se plongea quelques instants dans la contemplation de ses yeux bleus, de sa peau mate, de ses longs cheveux noirs. « Non mais t'es con ou quoi ?...elle ? La fille de cet épouvantail ? C'est pas possible, ça ! » se dit-il. Il était emporté par ces pensées si bien qu'il ne se rendît pas compte des regards hostiles de l'officier. Il dut enfin y renoncer.

Les meubles (très semblables aux biens des antiquaires), la peinture et les couleurs de la pièce, les curieuses manières de la femme ainsi que sa beauté flamboyante terrifiaient le sergent. Il avait l'impression d'être dans une maison d'ailleurs. La femme restait assise sur la chaise en face de l'officier. Aucun mot ne s'échangea entre eux. Le sergent n'en pouvait plus de supporter le silence. Il voulut dire quelque chose, mais se souvint soudain des événements chez le légiste et préféra garder le silence. Enfin, son supérieur détacha ses regards des motifs champêtres du vieux tapis étendu par terre. « Vous devriez sortir de cette maison », dit-il. Le sergent n'en croyait pas ses oreilles. C'était, à ses yeux, la chose la plus absurde qu'il eût pu dire. Ils étaient venus avec de nombreuses questions, mais l'officier s'était contenté de cette seule phrase, tandis que la femme continuait à se taire. Le sergent était complètement étourdi. « Qu'est-ce que je fous là avec ce con pour patron ! » se dit-il. « Malheureusement, j'ai une mauvaise nouvelle », dit l'officier reprenant ses esprits au bout d'un moment, comme s'il venait de se rappeler pourquoi ils étaient là. La femme restait silencieuse et sereine, elle n'avait pas l'air inquiet non plus. « Sourde-muette, hein ? » se demanda le sergent. « Pardon, Mademoiselle », cria-t-il pour s'en rassurer. La femme le regarda. « De l'eau…je voudrais avoir un verre d'eau, s'il vous plaît ? » improvisa-il, sans avoir pris le soin de préparer une question avant de l'ouvrir. La femme se leva et quitta la pièce. Le sergent savait qu'il avait fait une demande stupide, mais n'eut pas le temps de se justifier puisqu'elle rentra immédiatement avec un verre d'eau à la main. Il prit le verre, mais la femme restait debout à ses côtés, aurait-on dit, dans l'attente d'un nouvel ordre.

- Votre père….malheureusement, il lui est arrivé quelque chose.

Il prononça le mot « père » avec hésitation et à voix basse. La femme semblait distraite par le sergent. Elle se leva et alla chercher le verre. « Vous voulez encore un verre ? » lui demanda-t-elle laborieusement, comme un enfant qui vient d'apprendre à parler. Le sergent secoua négativement la tête. Il se pencha par-dessus l'épaule de son supérieur et lui chuchota à l'oreille : « Bizarre, hein ? Je crois qu'elle est cinglée ». L'officier ne répondit pas, se dirigea vers la femme qui demeurait à sa place, le verre à la main. Il lui dit quelque chose que le sergent ne put entendre. Ensuite, doucement et gentiment, il lui serra le bras nu et la conduisit vers le couloir. A l'entrée du couloir, il se retourna vers le sergent : « Fouillez tous les coins de la maison. Si vous trouvez quelque chose en rapport avec le dossier, vous les classifiez et vous les amenez au bureau. » Avant de quitter la pièce, il se tourna de nouveau vers le sergent : « Faites attention ! Ne bousillez rien et remettez tout à sa place. » Le sergent porta la main à la tempe, salua militairement et tout en les regardant s'éloigner, se maudit et insulta l'officier à part soi.

L'officier était assis sur une petite chaise en fer dans la chambre d'interrogation. Le soleil commençait à se lever. Il avait veillé toute la nuit en pensant au dossier. Il avait révisé tous les éléments, banals ou graves. Toujours pas d'hypothèse. Mais il s'était promis d'arrêter l'assassin à n'importe quel prix. Non pas parce que c'était son premier dossier, pas plus parce que c'était le père de son adjoint, mais par respect du vieux et de sa mort cruelle.

Pendant la guerre, il avait vu mourir beaucoup de gens. Il avait tué plus de cinquante personnes à lui seul, mais cette mort l'avait terriblement marqué. Tout au long de la guerre, il n'avait jamais été dans un tel état. Il se disait que là-bas, le combat était pour les idées. Les guerres ont toujours permis aux soldats et aux nations victorieux de se glorifier, même les colombes et les pacifistes se sentent inconsciemment ravis des conquêtes de leurs armées. Mais le meurtre nocturne de ce vieil homme frêle au coin de la rue, ce meurtre qui témoigne de la férocité et de la cruauté de son assassin, n'était justifiable à l'aune d'aucune loi et d'aucune coutume. Il relut le rapport de l'interrogatoire de la femme. C'était à peine si elle avait dit quelques mots. Une petite phrase pouvait prendre plus d'une demi-heure pour germer dans sa bouche. Lors de l'interrogatoire, l'officier l'avait écoutée avec patience et calme. Tout ce qu'elle avait dit pendant trois heures se limitaient à une seule page.

- Je me souviens pas de ma mère.
- Mon frère a été tué il y a quelques années (là, elle était tombée en pleurs et l'officier lui avait offert de l'eau tout en répétant qu'il était désolé et en l'aidant à boire).
- J'avais préparé le dîner mais il est pas venu.
- Je sais pas où il travaillait.
- J'ai plus personne.
- Il y a quelque temps, un grand type est venu plusieurs fois chez nous. Papa s'est engueulé avec lui. Il est venu aussi des fois quand papa n'était pas là. Mais il m'avait dit de pas ouvrir la porte.
- Une fois, papa m'a amené dans un village. Le grand type était là. On est allés dans un bureau et j'ai signé des papiers avec mon empreinte. Quand on a voulu partir, le type m'a embrassé sur la joue.

Le sergent n'avait trouvé rien d'utile chez la victime. Après bien des difficultés, le quartier général de la guerre leur avait cédé le dossier du fils de la victime. Il avait adhéré à la brigade des volontaires et était parti à la guerre. Les documents montraient que sa sœur et lui étaient les enfants de l'homme émasculé. Tant de questions tourbillonnaient dans la tête de l'officier. Comment, malgré son infécondité, les documents l'identifiaient comme géniteur ? Pourquoi n'autorisait-il pas sa fille à sortir de la maison ? Il ne l'avait même pas envoyée à l'école. Qui est ce « grand type » ? Lequel était son différend avec la victime ? Quels documents avaient-ils signés et où ?

Mais la vraie question qui le préoccupait avant tout était l'arme du meurtre. L'officier avait étudié de très près la forme du dessin que le légiste en avait fait. Couteau ou pas, c'était une chose très bizarre et rare. Pourtant, à chaque regard, une idée prenait forme dans sa tête, qui disparaissait avant de jeter la lumière sur quoi que ce fût.

Trouver cet élément du meurtre permettrait de tirer au clair plein de détails obscurs. Les agents avaient cherché dans les ruisseaux, les poubelles et même sur les toits des bâtiments environnants, sans succès.

Le lendemain, l'officier interrogea les voisins. Toutes les maisons et tous les recoins du quartier furent fouillés minutieusement pour trouver un indice, une trace. Il était déterminé à résoudre ce problème. Mais on ne savait pas grand choses sur eux. Leur seule piste était les quelques voisines qui avait vu le vieux se disputer avec un homme costaud qui l'avait menacé de mort. Ensuite, elles ne l'avaient plus revu. Il avait entendu la même histoire mille fois. On aurait dit que le vieux ne parlait à personne, ne fréquentait personne. Personne ne le connaissait. Les matins, il sortait de très bonne heure et rentrait si tard que très peu de gens le voyaient rentrer. L'officier commençait à désespérer quand il trouva une autre piste. L'épicerie du coin le renseigna sur le travail du vieux. En fait, celui-ci offrait parfois une cigarette à l'épicier, quand il allait chez lui faire ses courses. Ce dernier était un homme mûr qui dirigeait le magasin de sa femme. Un homme fort et gros, d'apparence pourtant maladroite. Son pantalon tenait par une paire de bretelles en cuir marron. Lorsque l'officier lui montra la photo de la victime, il secoua la tête comme s'il était au courant d'un grand secret et dit à la manière des femmes : « Oui monsieur, je le connais. » Ensuite il se tut jusqu'à ce que l'autre lui pose une autre question.

- Il y a pas mal de clients ici qui me font confiance et qui me mettent au courant de leurs affaires. Ce vieux, était mon pote, un bon client, quoi.

L'homme dit cela et se tut pour se donner une contenance. L'officier en avait marre. Il se contrôla tout de même et demanda : « Je vous remercie de coopérer avec nous. Pourriez-vous nous aider un peu plus. » L'homme mit les mains l'une sur l'autre, les leva jusqu'à son visage et fit le geste de les écarter. « Ben…en fait, j'sais pas grand-chose, moi. » Comme s'il regrettait d'avoir prétendu le contraire. Il se tut quelques instants. Et puis il reprit avec anxiété : « ben…en fait, il disait pas beaucoup de choses. Il parlait peu. Dès qu'il finissait de fumer, il s'en allait.

Moi, j'aime pas trop me mêler des affaires des autres. C'est pas bien, vous savez. Ma femme aime pas ça du tout. Elle dit qu'ils aiment peut-être pas qu'on mette notre nez dans leurs affaires. Mais, quand même, il faut le dire, il était pas méchant, ce gars. Pauvre mec, je tremble quand je pense à cette boucherie. Vous savez, j'ai peur de rester ici tard les nuits. Ma femme aussi, elle ne me le refuse plus, surtout qu'il y a plus personne dans les rues à cette heure... »

L'officier en avait vraiment marre de son bavardage. Il avait envie de tirer ses longs cheveux tressés sur sa nuque et de l'obliger à ne plus tourner autour du pot. Il frappa nerveusement sur le comptoir, fronça les sourcils et fixa les yeux de l'épicier. Celui-ci se tut, avala, et bredouilla : « Je sais que vous avez pas de temps à perdre. Il était tellement silencieux que je pouvais pas comprendre grand-chose. Je sais seulement qu'il travaillait dans un chantier, oui, un atelier de tissage. Ça doit être dans les zones industrielles des environs. Le pauvre mec s'y rendait à pied et rentrait au milieu de la nuit, épuisé comme un fantôme. Ma femme dit qu'il faut que le magasin soit ouvert tant qu'il y a quelqu'un qui ne dort pas dans le quartier. Vous savez, les femmes, quand elles se mettent une idée dans leur tête, rien... »

Il avait un bon tuyau maintenant. C'était un grand pas vers la résolution de l'énigme du meurtre. Il aurait voulu embrasser le vendeur. « Il ne doit pas y avoir beaucoup d'ateliers de tissage dans les environs », se dit-il. Beaucoup de détails s'éclairciraient une fois qu'on aurait trouvé le lieu de son travail. L'officier ne pouvait pas comprendre pourquoi le vieux travaillait du matin jusqu'au soir au lieu de profiter de la prestation de son fils. Ce qui le rendit encore plus énigmatique à ses yeux.

La seule usine textile de la ville se trouvait dans un endroit relativement loin de la maison du vieux. Tout autour, de hauts murs en brique s'érigeait. Les bruits des métiers à tisser perturbaient les passants. Pour l'officier, ils étaient intrigants. « Il faut pas que je sorte d'ici les mains vides », s'imposa-t-il

Les ouvriers se trouvaient debout près des machines grondantes et ne prêtaient aucune attention à quoi que ce soit, excepté les fils qui étaient, aurait-on cru, leur seul point de contact avec le monde. L'officier ne s'étonnait plus du fait que personne, même des collègues qui avaient travaillé pendant des années avec la victime, ne savait grand-chose sur sa vie.

Cependant, le DRH fut d'une grande aide. Normalement aucun congé n'était accordé aux ouvriers. Si quelqu'un se donnait un congé de son propre chef, il était très vite remplacé sans aucune chance de revenir. Cependant, le vieil homme n'ayant même pas eu un jour d'absence et s'étant présenté au travail même durant les vacances et les jours fériés, on lui en avait accordé un. « Quelle époque ! Les hommes sont de vrais loups. Il n'était pas quelqu'un de méchant, lui. Je ne peux pas comprendre pourquoi quelqu'un devrait lui faire mal. D'ailleurs, il n'avait pas d'argent non plus. Ça ne pourrait pas être un vol. Quelle époque ! Mais quelle époque !... le voilà ! » radotait le DRH en cherchant le dossier du vieux. Il en sortit un parmi tant d'autres, à la couverture effilée et rouge. Il mit ses lunettes qui pendaient à son cou, feuilleta le dossier, et poursuivi : « peu bavard, et très efficace. Il semblait avoir toujours des sanglots dans la voix ; son visage était froissé, plissé. On aurait dit un homme qui va fondre en larmes d'un instant à l'autre. C'était comme s'il devait garder définitivement ce faciès. J'avais pitié de lui, si vous voulez. Je lui ai dit qu'il n'y avait pas de congé ici. Il m'a supplié. Je le croyais pas capable de supplier pour quoi que ce soit. D'habitude, il était comme un roc. Il ne se plaignait jamais, de rien. Mais ce jour-là, il m'a supplié. Je lui ai effectivement demandé pourquoi il voulait un congé. A le croire, il avait quelque chose d'important à faire au village paternel. Il voulait quatre jours de congé ; apparemment le village était très loin d'ici. Si c'était quelqu'un d'autre que lui, je ne serais jamais intervenu. Je lui ai dit d'écrire les raisons de sa demande de congé pour que je le prenne chez le chef. Il a écrit. Même le nom de son village. » Il sortit la demande de congé et la montra au policier. « La voilà, regardez ! »

Le frère de la victime était assis d'un air effaré en face de l'officier. Des marques de coup et de blessure se voyaient sur son visage. Des poches s'étaient formées sous ses yeux et ses paupières gonflés ne laissaient voir qu'une ligne noire à la place de ces grands yeux. Il ressemblait étrangement à sa sœur. De la carafe sur la table, l'officier versa un peu d'eau dans son verre, et en but la moitié d'une traite. Le silence de la chambre fut brisé par le bruit de l'eau qui coulait dans la gorge de l'officier. On l'avait amené à la ville pour un interrogatoire. L'officier se sentait plus en confiance ici même. Il se sentait maître de la situation. »

Ta femme s'est enroulé dans les draps. Elle tremblait effroyablement. Cela ne lui était pas arrivé depuis longtemps. Tu n'as plus continué. Tu n'as plus parlé.

Le matin à ton réveil, elle était pâle et fatiguée. Cela ne l'avait pas empêchée de préparer le petit-déjeuner. Tu suis un rite particulier pour le repas du matin ; tout doit être sur la table. Depuis l'omelette jusqu'au fromage, de la charcuterie à tous les types de pains, du thé, du café, de l'eau, jusqu'au lait, jus de fruit, gâteau au chocolat. Elle t'a fait un sandwich. A table, tu ne parles jamais. Comme si ces moments-là se passaient entre le sommeil et la veille.

Elle t'a raccompagné jusqu'à la porte. Tu l'as embrassée, comme toujours. Le conducteur t'attendais, comme toujours. Tu as un peu baissé la vitre de la voiture qui démarrait. Le vent des petits matins de printemps t'a toujours rafraîchi. Surtout après des nuits de rêves troublants. Juste avant de te réveiller, tu as eu un rêve : à la grande place de la ville, tous les habitants se tenaient debout avec des fusils à la main. Un vieil homme frêle, au visage rouge et marron, sort d'un chaudron immense un bout de papier et le tend à une femme nue. Elle l'ouvre et tu en saute dehors comme une coque. Les gens se ruent vers toi pour t'attraper. Tout le monde crie et chante. Le vieil homme rouge et marron serre la femme nue dans les bras tandis que tu virevoltes au milieu de la foule agitée.

Tu t'es senti ressuscité dans le vent. Tu as oubliés tous tes rêves et cauchemars. Tu aurais souhaité être plus jeune, si jeune que tu puisses courir tout le trajet à pied. Ou non, tu aurais préféré être un enfant, qui va à l'école et qui pense aux devoirs qu'il n'a pas faits. Qui a passé toute la veille à jouer avec les enfants des voisins, tellement rempli d'insouciance et de bonheur qu'il ne pense à ses devoirs qu'au moment où, le matin, il prend son cartable.

Tu es arrivé avec un peu de retard. Le juge, les plaignants, l'accusé, le procureur général, les avocats et beaucoup de journalistes et photographes étaient déjà là. Il n'y avait pas une place de libre au tribunal. Au vu des journalistes, tu as repris confiance. C'était la deuxième séance de la cour. Pourtant, un grand nombre de personnes y étaient présentes. Les médias couvrent la totalité des séances, les gens suivent de près tout ce qui y touche.

D'abord, le frère aîné a été convoqué à la barre pour représenter les plaignants. Sa fille était assise au premier rang. Il avait peur, ses mains tremblaient imperceptiblement. Il a commencé en bégayant. Il est maigre…et très différent de son frère. Ils travaillaient il y a longtemps dans une mine situé dans un des pays voisins. Son frère et lui relayaient la garde en compagnie de l'écrivain, pour toucher un peu plus d'argent. « Monsieur le président, personne ne parlait notre langue là-bas. Il n'y avait que des immigrés, de partout, avec leur langue à eux. J'ai quand même appris un peu la langue du pays. Et justement, c'est pour ça que je suis devenu contremaître. Mais mon frère et monsieur l'écrivain ne pouvaient parler à personne. Nous trois, on travaillait chacun dans un secteur différent, et c'était à peine si on avait la chance de se parler entre nous. Sauf au moment des repas où on pouvait se voir pendant quelques minutes. Croyez-moi, c'était tellement affreux que tôt ou tard on commençait tous à parler à ceux qui ne savaient même pas notre langue. D'autre part, les nuits longues et froides à monter la garde, ça ne passe pas. J'ai proposé à mon frère d'écrire. Comme ça, on pouvait non seulement se parler mais aussi rendre hommage au passé. Je me disais que les heures passeraient plus vite comme ça. D'abord, il refusait, mais quand il a lu ce que j'avais écrit pendant quelques nuits, il s'est mis à écrire lui aussi. On mettait le cahier dans le tiroir et on le verrouillait. Monsieur l'écrivain a non seulement lu, sans permission, ce cahier, mais il a écrit, en plus, un roman à partir de nos écrits dont vous êtes tous au courant. »

La séance était longue et fatigante. Chaque phrase te rendait plus anxieux. Malgré ta fatigue et ton trouble, tu t'es rendu à ton bureau après la fin de la séance. Tu n'avais pas beaucoup de temps, il fallait que tu finisses ton roman le plus tôt possible pourvu qu'on ne te dérange pas …

Chapitre 3

La pluie s'était arrêtée de tomber et le soleil réchauffait tout. Je suis allé m'asseoir à côté du robinet, en tête de la planche des légumes. Papa avait couvert les légumes de feuilles de vigne pour les protéger contre le froid mordant de l'hiver. J'ai trouvé un bout de bois et j'ai remué les feuilles qui craquaient sous la pression. Les légumes étaient d'un vert vif comme pendant les premiers jours du printemps. L'odeur du basilic me prenait à la tête. J'avais envie d'égorger un mouton, en griller le faux-filet et le dévorer avec un basilic fin et du yaourt frais.

Mon frère restait à se tourner les pouces en bas des marches. Il s'est retourné et m'a fixé du regard. Il s'attendait à ce que je fasse quelque chose. Je l'insultais dans ma tête. Le lâche n'allait pas voir ce qui s'y passait. « Entre espèce de poule mouillée ! » Comme s'il m'avait entendu, il s'est dirigé vers l'entrée et il a poussé la porte qui s'est entrouverte un peu. Une fumée épaisse s'en est échappée. Il a cogné à la porte. Papa l'avait bloquée de l'intérieur. Mon frère criait son nom et secouait follement la porte. Elle s'ouvrait pas. Il a reculé un peu et s'est jeté contre elle. Il lui rentrait dedans avec son corps chétif, pour se retrouver au sol. Elle a enfin cédé et la fumée a envahi la cour. J'ai été pris d'une forte toux. J'ai perdu mon frère de vue dans l'épaisseur de la fumée. Je voulais fermer la porte et en finir avec toute cette histoire. Je souhaitais qu'il s'enfonce pour toujours dans la fumée. Je sais pas pourquoi je ne pouvais plus tenir debout. Je me suis écroulé dans les boues du jardin. Je continuais à fixer l'obscurité sans rien voir. Soudain, mon frère en est sorti. Il tirait ma mère derrière lui. Elle se laissait faire comme un maigre sac de pomme de terre. Elle en avait tourné de l'œil, la pauvre. Il l'a laissée en bas des marches, au milieu d'une flaque de boue et il est reparti vers la maison tandis qu'il se fustigeait par des tapes au sommet de son crâne et vacillait comme un saule dans le vent. Cette fois, il a ramené belle-maman. Il meuglait, me criait dessus en me demandant de l'aider, me suppliait. Je ne faisais que regarder. Il s'est pas attardé pour moi et il s'est lancé encore vers la maison. Il en a extrait les deux gamins. Il ne restait que papa. Je regardais les corps éparpillés dans la cour. J'arrivais à peine à avaler ma salive. Mes épaules tremblaient, malgré la lourdeur que je sentais dans mes mains et mes pieds. J'étais complètement sonné.

Il arrivait pas à traîner papa. Il s'est ramassé sur le cul plusieurs fois. Il a enfin cédé à l'entrée de la maison. Etendu par terre sur le dos, papa avait la nuque collé au châssis de la porte, la tête pendante. Une bave blanchâtre sortait d'un coin de sa bouche. Je me suis approché d'eux à quatre pattes. Mes poings s'enfonçaient dans la boue. Aucun n'était mort. Je délirais ? Je me suis approché un peu plus. Les lèvres de maman tremblotaient. Belle-maman était à moitié nue. Sa peau était couverte d'une couche de boue. Les « au secours » de mon frère se dissipaient petit à petit dans l'allée. Papa râlait plus fort que les autres. De la bave s'échappait sans cesse de sa bouche.

D'un coup, on a envahi la cour. Tous les voisins étaient là. Un vrai bordel, merde ! Les femmes criaient et pleurnichaient. L'une d'entre elles avait emmené une robe avec elle pour habiller belle-maman. Les uns sont partis chercher le minibus. D'autres m'ont pris par les aisselles. On m'a fait asseoir sur le bord des marches. On me consolait. L'un me tenait la tête dans les bras. J'allais en suffoquer. Je voulais qu'ils foutent tous le camp. D'entre ses bras, je pouvais apercevoir le minibus tourner dans la cour. Les femmes ont placé maman et belle-maman dedans. Des hommes ont soulevé papa et l'ont hissé dans le minibus comme le corps d'une vache. Mon frère est monté avec les petits dans les bras. La voiture a démarré avec une fumée noire à sa traîne et un grondement sourd.

Quand ils s'en sont allés, on m'a entouré. J'ai extirpé ma tête de l'étau des bras du mec et je me suis appuyé contre le mur. J'avais pas le courage de lever la tête, et de les regarder dans les yeux. Je pensais qu'ils verraient tout dedans. J'étais figé sur place comme piqué par un serpent. « T'en fais pas ! y a des hosto, des toubibs, des médocs dans la ville. Y vont guérir. » La femme du voisin s'est donné une tape sur le revers de la main et s'est mise à geindre : « mais c'est pas vrai, mais c'est pas vrai ! Quelle horreur ! Quelle... » Son homme l'a interrompue : « Ta gueule! Au lieu de le consoler, tu le chicotes encore plus ! T'inquiètes pas mon enfant. Viens chez nous », a-t-il continué en saisissant ma main. Je l'ai retirée. « Non merci, c'est pas la peine. » ai-je dit. La femme ne m'a pas permis d'achever ma phrase. « Mais c'est rien du tout. N'y pense même pas. A quoi bon alors les voisins ? »

- Non, merci. Je suis plus à l'aise chez nous.

« Ça doit être le vent. Quelque chose a dû boucher la cheminée », a fait remarquer un autre voisin, qui regardait le bâtiment de haut en bas. Ça m'a coupé le souffle. J'ai pâli. « Par où vous passez sur le toit ? » J'ai froncé les sourcils et j'ai répondu : « Je vais voir moi-même. » Ma voix tremblait. Il fallait plus rester là. Je me suis efforcé de me lever, et sans dire un mot, je suis allé vers les chambres. J'ai fermé la porte derrière moi. Ils restaient, incrédules, dans la cour et se parlaient entre eux. Ils ont finalement foutu le camp. Je les regardais s'en aller par la fenêtre. J'avais peur. L'odeur du feu m'étouffait. Tous les meubles étaient noircis et enfumés. Je me suis assis sans ciller et de la même place d'où belle-maman avait fixé l'étable, j'ai parcouru des yeux toute la cour afin de m'assurer que personne n'y restait plus. Et puis, je suis vite monté sur le toit. Le soleil était à son zénith. J'ai sorti le sac de la cheminée. Il était tout noir. Je suis descendu et je l'ai enterré dans la boue.

Je suis resté assis sur place, derrière la maison. J'avais un trou à l'estomac. Les cot cot des poules. Elles avaient faim, elles aussi. J'ai pris un bol de graine d'orge. Je me suis approché de leur cage. Elles ont commencé à s'exciter pour les graines. J'ai ouvert un peu la porte de la cage, et j'ai empoigné le cou à une poule. Je l'ai sortie et j'ai jeté le reste des graines devant les autres. La poule battait des ailes. Je l'ai prise par les pattes. Elle a battu des ailes encore plus fort. Je l'ai laissée faire. Elle s'est épuisée, s'est calmée. Son cœur battait fort. Elle regardait les alentours avec des yeux inquiets. Je l'ai emmenée à côté du ruisseau et je lui ai arraché la tête. Le sang en a jailli comme d'une fontaine. J'ai laissé tomber le corps. Elle s'est mise à courir, comme ça, sans tête, avec le sang qui giclait. Je me suis esclaffé. Sa tête était toujours dans ma paume et ses yeux gonflés continuaient à me regarder. Plumer une poule est difficile à faire. Ça m'a occupé jusqu'au soir. J'ai dormi dans le lit de papa et sa femme. Malgré l'odeur de la fumée, l'odeur de papa tardait à se dissiper. J'ai tiré la couverture sur ma tête. Je savais pas s'ils allaient survivre ou pas. Dans l'état où ils étaient, c'était impossible. Je voulais plus entendre parler d'eux, ni de leur mort, ni de leur survivance.

J'allais plus à l'école. Toute la journée, je me tournais et me retournais dans le lit de mon père, jusqu'à m'endormir. Des fois je me réveillais en sursaut après avoir fait un cauchemar. Je verrouillais toutes les portes. Je remplissais le four de bois, je m'asseyais en face du feu à regarder ces flammes rouges et jaunes qui dévoraient le bois. Avant ça, je pensais que les feux venaient du bois. Mais je me suis rendu compte que c'est eux qui attaquent les bois, qui à leur tour prolongent cette attaque en la conduisant vers les autres bois….le matin, au lever du soleil, la cendre brûlante du four me plaisait, comme si c'était la cendre des cauchemars.

J'avais aucune nouvelle de mon frère, ni des autres. Ceux d'entre les voisins qui me rendaient visite de temps en temps, racontaient des conneries. Les uns disaient qu'ils étaient tous guéris et en route pour la maison. Les autres disaient que maman était morte. D'autres disaient encore que c'était papa qui avait avalé sa chique. D'abord, je les écoutais en tremblant. Mais j'y ai renoncé peu à peu. Je voulais plus y penser. S'ils revenaient pas bientôt, j'irais travailler sur la terre moi-même. J'achèterais quelques moutons et quelques vaches. J'embaucherais quelques gosses pour travailler la terre et pour être à mes ordres. Je dirais à leurs parents que je les payerais au moment de la récolte avec quelques sacs de pomme de terre. Je les formerais selon mes vœux, pour qu'ils aient toujours peur de moi. Je savais ce qu'il faudrait faire. J'avais tout préparé dans ma tête.

Chaque jour sans nouvelles ajoutait à mon espoir de ne plus les voir. Jusqu'à ce qu'un jour, le putain de minibus ait rapporté qu'ils s'en étaient tous tirés. Mon frère demandait de l'argent. J'ai craché par terre et j'ai quitté la foule des voisins qui quêtaient pour eux. J'avais tout raté. Quand la femme du voisin m'a félicité, j'avais envie de lui arracher la tête comme à une poule.

Ils sont enfin revenus. Les voisins s'étaient réunis dans l'allée. Je m'appuyais contre la porte et parcourais tout du regard. J'étais nerveux à mort, rempli d'avais envie de réduire en morceaux tous ceux qui se permettaient de m'approcher. Ils sont descendus du minibus l'un après l'autre. D'abord, maman. Puis, belle-maman avec un enfant dans les bras. Ensuite, mon frère avec l'autre gosse. L'intérieur du minibus était caché derrière les rideaux. On ne voyait toujours pas papa. Un sentiment de joie a traversé tout mon corps. Je me suis hissé sur la pointe des pieds pour voir l'intérieur du véhicule. Il était peut-être toujours dedans. Je voulais aller m'en rendre compte quand le chauffeur a fermé la portière. Le minibus a démarré et s'en est allé. Pour la première fois de ma vie, le bruit du minibus devenait plaisant.

Je me suis frayé un chemin parmi la foule vers la porte de la maison. J'ai regardé maman et j'ai secoué la tête. Tête baissée, belle-maman s'est ruée à l'intérieur. Mon frère s'est planté en face de moi. « Père... », ai-je dit en bougeant ma lèvre inférieure. « Il va bien, il faut qu'il reste encore quelques jours à l'hôpital », a-t-il répondu. J'étais complètement désemparé. Cette putain de malchance. Ils étaient tous plus gais que moi.

Quelques jours plus tard, mon frère est parti en ville. Il est revenu avec papa. Celui-ci chancelait et mon frère le soutenait sous les bras. La nuit même, tout le village est venu lui rendre visite. Je suis pas sorti de l'étable pendant tout ce temps. Minuit passée, mon frère m'a amené de quoi manger et m'a dit que je ne pourrais plus aller à l'école à partir du lendemain, parce qu'on était endettés et que papa ne pouvait plus travailler. J'ai hoché la tête. Ça m'était bien égal, l'école ou le cimetière pour moi, c'était du pareil au même. Mon seul réconfort c'était que papa était venu à bout de ses égoïsmes

... Sacré sac à merde d'assassin ! C'est toi qui as tué belle-maman, c'est toi qui as privé ces enfants de leur mère, la pauvre fille. La seule chose qu'elle m'a demandé sur son lit d'agonie à l'hôpital, c'était de prendre soin de ces enfants. Ce que je n'ai pas pu faire, l'impuissant traître que je suis.

Papa était handicapé maintenant, et moi, j'étais devenu le responsable du foyer. Tout dépendait de moi. J'étais quand même très heureux que tout le monde soit en vie. Surtout, belle-maman, je remerciais Dieu de nous l'avoir redonnée. La première à reprendre conscience à l'hôpital, ce fut elle. J'étais aux anges. J'essayais pourtant de ne pas la fréquenter trop souvent. Et quand j'y allais, je ne la regardais pas dans les yeux. Je la laissais tranquille.

Quand papa quitta l'hôpital, tout se normalisa de nouveau. Tout le monde avait eu de la chance, aurait-on cru. Tout le monde survécut. Sauf que papa ne pouvait plus travailler. C'était à mon frère et moi de nous occuper des travaux des champs. Au début, je n'attachais aucune importance aux toux de belle-maman qui devenaient de plus en plus fréquentes et intenses, au point qu'on pouvait les entendre de l'étable. Je veillais jusqu'au matin. Peu à peu son état empira. Avec ses crises de toux, elle vomissait du sang. Il fallait y trouver une solution. Elle devenait de plus en plus pâle et faible. Son visage n'avait plus rien de la jeune fille qu'elle était avant de venir chez nous. On aurait dit qu'en deux ans, elle avait vieilli de vingt ans. Elle devait partir en ville pour se faire hospitaliser. Que faire alors ? Papa était handicapé et ses parents à elle s'en foutaient définitivement. Ils ne lui avaient rendu visite qu'une seule fois depuis son mariage. Cela ne la ravissait pas de les voir d'ailleurs puisque c'était eux qui l'avaient obligée à se marier avec notre père. Je devais trouver un moyen. Un jour, j'en parlai à papa. D'abord, il n'approuvait pas que j'accompagne seul sa femme à la ville. Mais je l'y obligeai. S'il n'était pas dans l'état où il était, il n'aurait jamais cédé. Dans le minibus, elle se pelotonnait pour ne pas me toucher. J'essayais de faire de même. Pendant tout le trajet, on ne s'est dit aucun mot. Quand nous sommes descendus, j'allais devant et elle me suivait à une certaine distance. A chaque quinte de toux, je m'arrêtais, et ensuite on reprenait le chemin. J'étais plus à l'aise dans la ville cette fois ; je savais m'orienter.

Le médecin diagnostiqua une infection pulmonaire. Il crut nécessaire de l'hospitaliser. Quelques jours plus tard, son état s'aggrava. Je veillais toute la nuit à son chevet et je priais pour elle. Sans résultat car chaque jour, sa maladie allait de mal en pire, jusqu'au point où elle dormait presque toute la journée. Elle ouvrait très rarement ses yeux. Les médecins l'examinaient souvent, mais ne faisaient rien pour elle. Ils se contentaient de répéter qu'elle ne va pas bien. Un jour, l'infirmière me déclara que le docteur avait à me parler. J'avais un mauvais pressentiment.

Le docteur me dit que l'infection s'était étendue à tous ses organes intérieurs et qu'ils n'avaient plus d'espoir. Je ne pus m'empêcher de pleurer sur le moment. Je pleurai même toute la nuit à son chevet. Au crépuscule, elle ouvrit les yeux. Cette fois, après des années, je les regardais qui étaient sans éclat. Elle leva sa main que j'ai prise dans les miennes. Ce que je n'avais plus fait depuis que mon père avait demandé sa main.

Tous nos souvenirs refirent surface devant mes yeux. Je pleurais, elle regardait. Je lui dis que tout était de ma faute, à moi, le lâche. J'aurais dû faire face à mon père. J'aurais dû saisir ta main dans la mienne et t'emporter avec moi. Elle avait un vague sourire aux lèvres. Elle parlait de façon saccadée, très lentement. Elle savait sûrement que c'était les derniers instants de sa vie. Elle me demanda de prendre soin de ses enfants. Alors elle se mit à haleter. Je me suis penché sur le lit, mon visage mouillé de larmes. Le bruissement de sa respiration ne s'entendait plus. Sa main glissa hors de la mienne et tomba. « Je redoublerai tellement qu'on se retrouve dans la même classe », lui chuchotai-je à l'oreille. Comme d'habitude, elle fronça les sourcils en souriant.

Je donnai tout mon argent pour ramener le corps de belle-maman dans une ambulance. Je me jetai dans les bras de maman et j'éclatai en pleurs. Cela, je ne l'avais pas fait depuis bien longtemps, depuis ma petite enfance. Elle me rejoignit dans mon malheur. Je ne pouvais pas du tout regarder mon père. Je me sentais perdu, déçu. J'avais envie d'aller me noyer dans le lac au milieu de la forêt. Hélas ! Le courage me manquait.

Hier, on s'est battu à mort. Il était enragé. A l'aube, il s'est jeté sur moi, pendant que je dormais, et c'était une volée de coups de pied et de poing qui me laissaient même pas me défendre. Qu'est-ce qu'il est balèze, le petit con ! Si les gars ne nous avaient pas séparés, on se serait fait du mal, c'est sûr. C'est en relisant les pages précédentes que j'ai compris quelle mouche le piquait. Il gueulait fort et m'insultait. « Salaud ! Espèce d'enfoiré ». Et moi qui croyais le rendre heureux en avouant tous ces trucs-là. Je voulais qu'il sache que j'étais pas resté les couilles battantes pour que papa vienne nous faire ce qu'il voulait. Je savais pas qu'il allait m'en vouloir pour ça. Il m'a donné un coup de boule, le sommeil a foutu le camp. La tête me tournait. Avant que je revienne à moi, il m'avait flanqué quelques bonnes beignes. Je me suis bien vengé. Je l'ai saisi par les cheveux et j'ai cogné sa tête contre le mur. Je l'aurais tué comme un pauvre chien, si les ouvriers nous avaient pas séparés.

Le conard n'arrêtait pas de m'insulter. « Assassin…sac de merde ! ». Tous me regardaient de travers. Cela dit, au fond, il avait raison. Plus tard, on a tué tellement de gens, beaucoup plus qu'aucun tueur à gage. Mais belle-maman, c'était différent. Je l'ai pas tuée, moi. Elle était malade elle-même. Elle toussait dès le premier jour. A l'école, on disait qu'elle souffrait de tuberculose. Quand on a ramené son corps, je pouvais pas y croire. J'écris tout ça, parce que, premièrement, j'ai peur de rien, et deuxièmement, je peux écrire ce que je veux. Personne ne sait tout ça sauf moi. C'est lui-même qui m'a dit d'écrire. J'ai écrit et c'était pas mal, ça m'a calmé. Et maintenant j'écris parce que je veux écrire.

Quand je l'ai mise en terre, je ne la détestais plus. Ces enfants s'accroupissaient dans un coin du cimetière en grignotant des amendes, comme s'ils étaient ailleurs. Mon frère était près d'eux, les yeux rouges, pas de larmes. La mort était toujours un plaisir pour moi, que je connaisse le mort ou pas, c'était la même chose. Laver le cadavre et l'enterrer, ça me réchauffait. Ça me donnait un sentiment de paix.

Chapitre 4

La mort de belle-maman a complètement détruit papa. Mais je pouvais toujours pas l'encaisser. Je pouvais plus rien supporter, ni le champ, ni les voisins, ni rien d'autre. Je voulais en finir avec ce pays, avec ses souvenirs. Quand ils ont annoncé qu'ils recrutaient des soldats pour la guerre, je me suis pas fait prier. C'était trois ou quatre personnes avec un gros camion. Un soldat aux lunettes de soleil les accompagnait, armé d'un fusil. Moi, j'étais l'un des plus grands au village, mais ce type était deux fois plus grand que moi, la largeur de ses épaules, quatre fois. Ça faisait du bien, rien qu'à le regarder. Je me suis dit qu'il était temps d'en finir avec ce putain de village, ces pensées de merde. Devant le camion, j'ai vu mon frère qui s'enrôlait…lui aussi…

Je me suis enrôlé et je suis rentré pour faire ma valise. Mon frère était assis à côté de maman sur le rebord du jardin. Elle pleurait. J'ai voulu aller près d'eux. Mais non. Je suis allé à l'étable, j'ai mis mes vêtements dans un sac et je suis sorti. Devant le couloir, papa s'appuyait sur sa béquille. Pour la première fois, j'avais pas peur de lui. Notre départ allait l'obliger à faire la manche. J'aurais voulu qu'il se mette à nous supplier de rester. Il s'est contenté de rester sur place à nous regarder, sans bouger, comme le Sphinx. Je me suis posté face à lui et je l'ai regardé droit dans les yeux. Il a craché par terre et il s'en est allé. Les petits n'étaient pas dans les alentours. Je continuais à m'attarder dans la cour. Je savais pas ce qui me prenait mais le courage me manquait soudain. Mon frère s'est levé. Il est allé dans la maison pour dire au revoir à papa. Il n'arrêtait pas de lui lécher le cul. Il l'a bien payé, papa. Il l'a insulté, il l'a maudit. J'ai quitté la maison avant mon frère. Ça faisait longtemps que j'avais plus pleuré. J'avais pourtant peur. L'allée me semblait comme un cimetière.

Mon frère est venu s'installer à côté de moi dans le camion. D'abord ça m'a foutu mal. Mais dès qu'on a passé le virage de la vallée et que les arbres du village ont disparu, je me senti heureux de l'avoir à mes côtés. Je me sentais en même temps content et mécontent. J'avais un sentiment que je n'avais jamais eu auparavant. Le trajet à l'école, celui-là même qui me prenait tous les jours deux heures, s'en allait sous les pneus et semblait rétrécir. Derrière nous, une poussière épaisse s'envolait et cachait tout. J'ai sorti la tête du véhicule et j'ai craché sur la route, près du ruisseau. On passait à côté de l'école. Les enfants se tapaient dessus. Au vu du camion, ils se sont mis à courir derrière, comme des moutons. Je leur ai craché dessus.

Le camion continuait à brûlait l'essence dont le gaz sortait du tuyau d'échappement comme une ligne de fumée, mais apparemment la route n'en finissait pas. Il faisait nuit. Tout le monde s'était endormi. Je sortais la tête de la voiture, le vent me poussait tellement fort au visage que je pouvais pas garder les yeux ouverts. Je laissais ma tête flotter dans le vent. On aurait dit que le vent emportait avec lui tout ce qu'il y avait dedans.

Le lendemain, vers midi, la voiture a emprunté une route secondaire, au milieu du désert. Le soleil m'avait échauffé la cervelle. Elle s'est enfin arrêtée, la masse de fer. Le soldat costaud nous a dit de descendre.

Tout autour, aussi loin que portait le regard, il y avait que du sable et des barbelés. On est descendus et on s'est réfugiés à l'ombre du véhicule. On avait les jambes raidies. On était une vingtaine. Deux gars qui étaient assis au premier rang ont accompagné le costaud dans la chambre située devant les fils barbelés. Nous les avons suivis ensuite l'un après l'autre pour écrire nos noms en bas d'une page et signer.

On nous a rasé la tête tout de suite. Ensuite, on nous a donné des uniformes et des bottes. J'ai serré les lacets le plus fort que je pouvais. J'ai donné un coup dans un caillou. Il est parti comme une balle. J'ai pas eu mal du tout. Ma force avait doublée. J'avais envie qu'on me file un fusil le plus vite possible ; j'avais envie de tirer.

On nous a fait nous aligner selon la taille. J'étais premier, mon frère soixante-cinquième. J'étais comme un coq en pâte, le plus costaud, le plus grand parmi les quatre-vingt-un soldats de notre compagnie.

Tous les matins, on se réveillait avant l'aube pour se rendre sur le lieu de l'entraînement. Les premiers jours, on ne faisait que courir, mais peu à peu, on a commencé à faire les marches aux pas et d'autres exercices. Il n'y avait que ça à faire pendant toute la journée. Au moment des marches, nous devions nous adapter au rythme des percus. Je frappais le sol des pieds, tellement fort que mon cœur en tremblait. Je savais plus comment les jours s'enchaînaient. Je faisais toujours attention à être le meilleur, à être complimenté. Je me sentais un militaire maintenant, non plus un villageois. J'avais toute une armée derrière moi. Au champ de tir, je faisais mouche à cent mètres de la cible. Quand le commandant disait : « vous êtes les soldats de l'armée la plus forte de l'histoire », je me sentais capable de bousculer le monde entier. En entendant les histoires qui sortaient de la bouche des soldats récemment de retour du front, la colère s'emparait de moi. J'avais envie de partir au front le plus tôt possible. Je voulais aller foutre le feu à tous ces vers de terre. La région était à des milliers de kilomètres de nous et il fallait y aller en avion. Je voulais faire d'une pierre deux coups : monter dans un avion et m'affirmer sur un vrai champ de guerre.

Depuis ce jour-là, je n'arrêtais pas de penser à la mort. Plus tard, quand sont arrivés les tirages au sort mortels, je préférais que mon nom sorte le dernier. Mais c'était le pauvre adjudant qui est devenu le sauveur. Tout est toujours à l'envers ; on nous donne ce que nous ne voulons pas. Ses yeux terrifiés m'apparaissent toujours plusieurs fois par jour. Il était le fils unique de sa famille. Le commandant et moi avons ramené son corps au pays, chez son père. Le pauvre vieux était en sanglots et ne s'éloignait pas du cercueil. Il pleurait pas mais brûlait visiblement en dedans. Je le comprenais bien. On s'est approchés et on lui a présenté nos condoléances. Il n'a pas répondu. Par contre, il nous a lancé un regard qui était pire qu'une insulte. Il y a des familles qui se mettent en colère et insultent. Mais lui, il a juste regardé. La haine giclait de ses yeux. Il y avait aussi sa fille qui avait les yeux fixés sur un point obscur. Le commandant ne la quittait pas des yeux. Il essayait de la faire parler. Mais elle se taisait. Personne de la famille de l'adjudant n'est venu aux funérailles tandis que toutes les autorités de la ville y étaient présentes. Même le Préfet a prononcé un discours : « ...Maintenant que nous confions à la terre l'un de nos enfants les plus braves et les plus purs, nous déclarons à nos ennemis ignobles et démoniaques que la mort de nos enfants ne nous affaiblit pas, et que nous continuerons le combat plus résolument et plus hardiment pour que la liberté et la justice... » Après les funérailles, on nous a emmenés, le commandant et moi, dans une caserne pour baratiner devant des bleusailles. On nous a donné deux bouts de papier sur lesquels le texte de nos discours était écrit. On a évoqué la sauvagerie des ennemis et le fait qu'ils ne comprennent rien à la liberté et à l'humanité. « Ils sont si barbares, a dit le commandant, qu'ils ont tiré sur ce brave soldat dans le dos. » Les soldats étaient tous émus, ils entonnaient des chants épiques et frappaient harmonieusement le sol du pied. De retour au front, le commandant ne cessait de parler de la sœur de l'adjudant. Il avait changé. Moi, en revanche, je pensais qu'à foutre le camp. Je voulais plus faire partie de cette folie. A peine arrivé au front, j'en ai parlé à mon frère. Il était d'accord. Il avait peur que la prochaine fois ce soit son tour.

Comme sans-filiste, j'étais au courant de plein de choses. La guerre allait de mal en pis. Les officiers supérieurs harcelaient le commandant de plus en plus. Il eût fallu faire le deuxième tirage bientôt. Chaque jour passé, je pressentais plus la nécessité d'en finir avec tout cela. Néanmoins, l'évasion n'était pas aussi facile qu'elle le paraissait au départ. Je m'attelais depuis des jours au plan d'évasion mais rien de bon et de sûr ne me venait à l'esprit. Je voulus y renoncer à plusieurs reprises. Il y avait une bonne distance entre là où l'on était et là où la guerre avait véritablement lieu. On était à l'endroit le plus reculé sur la frontière, là où il n'y avait aucun moyen de transport, aucune route…entourés de montagnes et de forêts. Et puis, s'évader où ? Si nous avions démissionné et pris congé un peu plus tôt, tout aurait été réglé sans problème. Maintenant les choses avaient changé…démissionner revenait à se faire fusiller par ses propres camarades. Comme si tout le monde n'attendait qu'une occasion pour vivre encore quelque temps, tranquillement sans que le fantôme du tirage au sort ne plane sur sa tête. Malgré les incertitudes et les aléas de mon plan, je me décidai enfin. Il n'y avait pas d'autre choix. Il fallait s'enfuir le plus tôt possible. J'en fis part à mon frère. Il accepta sans hésiter. Il avait eu mortellement peur pendant le premier tirage. On volerait la carte de la région et quelques armes, et on se sauverait pendant la nuit. On donnerait les armes aux nomades en échange des chevaux. Ensuite, Il faudrait passer la frontière et se réfugier dans un des pays voisins. Je n'avais pas prévu plus loin que cela. Mais une chose était certaine : il fallait atteindre un des pays voisins. Là-bas on serait en sécurité et on n'aurait pas tellement le problème de la langue.

« Bougez-vous, tire-au-flanc ! » hurla le commandant de sa voix de fille. Je voulais lui casser la gueule avec une pelle. Le petit con. On l'avait décoré de deux galons et il se prenait pour le centre du monde. Il était même pas de l'armée, le salaud, il nous arrivait de la police ! La guerre avait duré si longtemps et on avait si peu d'effectifs qu'on l'avait mis en tête de notre bataillon. Putain de chance ! J'aurais préféré au moins avoir un vieux mec comme commandant pour lui obéir de bon cœur. On creusait la terre à l'aide des pelles, fourrait la terre dans des sacs, et faisait des parapets avec. Il avait du bol, mon frère, comme toujours. Il était sans-filiste et touchait à rien. Mais j'aurais détesté être à sa place. Il était comme le chien du commandant, toujours à ses ordres.

On s'était cassé le cul depuis l'atterrissage de l'hélico ce matin-là. Il y avait toujours à faire quand l'adjudant est venu me chuchoter à l'oreille : « y a des gens qui nous regardent de là-haut sur la colline. Va derrière les arbres comme pour pisser et surprend-les de l'autre côté. Hé, j'les veux vivants. » Un peu plus tard, j'ai mis mon fusil en bandoulière et je m'en suis allé derrière les arbustes. Avant de m'éclipser du champ de vision de l'ennemi, j'ai baissé mon froc. De derrière les arbustes, je me suis glissé entre les arbres pour me cacher. J'étais le plus habile en camouflage dans la compagnie. La colline était assez haute et je les voyais toujours pas. J'ai monté très lentement. Les brins d'herbes et de paille se cassaient sous mes bottes. Je dégageais les branches avec le canon de mon flingue, que je tenais prêt à tirer. On ne peut jamais être assez prudent. Ils pouvaient être dans la forêt, nous tendre un guet-apens. Je commençais à voir leur silhouette quand le bruit d'un coup de feu a fait trembler la colline. Je me suis mis à courir. J'ai couru comme j'avais jamais couru de ma vie. Je voulais pas rester à la traîne cette première fois. Un corps gisait sur le sommet de la colline. Le con qui avait monté l'autre versant avait paniqué et tiré. Deux autres rebelles en descendaient. Ils s'étaient trop éloignés. Impossible de les rattraper. L'adjudant m'a crié de leur tirer dans la jambe. Ils couraient dans les bois comme des cerfs. Je pouvais pas bien respirer. Fallait pas les manquer. J'ai visé la nuque du plus petit. Il avait rasé sa tête qui brillait comme une pièce sous le soleil. J'ai respiré à pleins poumons pendant deux secondes, j'ai retenu mon souffle, et boum ! Sa tête a explosé comme une pastèque. Son corps s'est effondré dans les herbes. « Espèce d'abruti, a grondé l'adjudant, je t'ai dit dans la jambe, putain ! » J'ai secoué la tête. Il en restait toujours un. Je l'avais gardé pour lui. Le pauvre con s'est arrêté pour aider son pote. En voyant la cervelle éclatée, il s'est pris la tête dans les mains. J'ai visé. L'adjudant a serré mon bras. Vivant qu'il m'a répété. J'ai hoché la tête. J'ai visé son mollet et boum ! Il est tombé par terre. « Voilà, mon lieutenant ! Je connais mon affaire, mon lieutenant. » Pas de réponse. Il a dévalé le versant, suivi d'autres soldats…et moi à la traîne. On y était pas encore arrivés lorsqu'il s'est relevé et s'est remis en marche, en boitant. C'est sur mes nerfs qu'il boitait, le salaud. Je me suis mis à courir. L'adjuvant me criait qu'il le voulait vivant. Il pouvait pas trop s'éloigner. Il avait perdu trop de sang. La trace de son sang le suivait sur les herbes. Je l'avais. Il boitait toujours avec sa jambe blessée. Je l'ai rattrapé au bord d'une fosse. J'ai ralenti le pas et sifflé avec sang-froid. Il s'est retourné et il m'a regardé. « Tu vas où, mon gars ? » Il avait une trouille de chien. Les autres aussi sont arrivés. J'ai assuré l'adjudant : « Il est toujours vivant ». Je me suis dégagé de son chemin pour le laisser passer. Le type s'est tourné d'un coup sur les talons et s'est jeté au fond de la vallée. On était tous éberlués. En plus, le commandant nous tombait dessus dans ce bordel. « Priez pour qu'il soit toujours vivant », nous a-t-il menacés, hors de lui.

Il était profond, le gouffre. Le type était accroché à un arbrisseau au milieu de la vallée. Son corps était écorché de partout par les ronces. On l'a tiré hors des troncs et des branchages. Il respirait toujours mais gémissait sans arrêt. Le commandant lui a crié quelque chose dans sa langue. Mais le type ne répétait qu'un seul mot. Il reniflait. Le commandant l'avait pris par le col et le secouait. L'autre a ouvert les yeux et les a refermés tout de suite. Le commandant l'a lâché et nous a commandé de le ramener sur la colline.

Monter la colline était en soi une corvée, dire qu'il fallait en plus coltiner un cadavre. On était à bout de souffle. Un soldat et moi le tenions des pieds et de la tête et montions. « Laissez-le par terre », nous a ordonné le commandant. Il lui a parlé dans sa langue. Le type n'ouvrait même pas les yeux. Le commandant a perdu les boules. Il l'a choppé au col et l'a secoué fort. La tête du type cognait contre une pierre mais il n'ouvrait pas les yeux. Il s'étouffait. Le sang coulait le long de son menton. « Vous le tuerez mon commandant », lui répétait l'adjudant. Le commandant l'a enfin lâché : « Bon, si c'est ce que tu veux. » Il a reculé un peu, sorti son revolver, et il lui a brûlé la cervelle. La moitié de sa gueule s'est étalée sur le rocher. On s'était tus, tous. Il m'a plu, le commandant. Il avait du culot, c'était clair. On a laissé le corps sur place pour les loups et on a remonté la colline, légers.

La même nuit, ils se sont vengés. Je venais de finir le quart. J'en avais à peine fini avec la fermeture éclair de mon sac de couchage que je me suis endormi. J'étais en plein sommeil lorsque le bruit des tirs m'en a extirpé. J'ai pris mon flingue et je suis sorti en coup de vent. C'était un vrai bordel. On voyait rien. Je tirais au hasard et hurlais. J'ai vidé mon chargeur. Pris entre sommeil et peur, je savais pas ce que je devais faire. Quand le feu a cessé, le commandant a tiré une fusée éclairante et ça a tout illuminé. La nuit dormait tranquillement dans la forêt. On n'aurait même pas imaginé que ça avait été l'enfer là deux minutes plus tôt. Aucune trace des rebelles ! Ils nous avaient attaqués comme des loups et ils s'étaient retirés comme des rats. Trois gardes avaient été tués. J'avais eu du bol d'avoir fini mon service avant l'attaque. J'ai serré mon flingue très fort dans mon poing. Tout épuisé que j'étais, le jeu m'avais plu. Il fallait leur faire voir qui était le plus fort. Il fallait les abattre avant qu'ils nous abattent.

On a attendu l'aube. Puis, répartis en trois équipes sous les ordres du commandant, on s'est mis à leur trousse. Une brise soufflait dans la forêt et me rafraîchissait les idées. Le bruit de la rivière qui coupait la forêt en deux était le seul son qu'on entendait. Même les animaux avaient pris peur et s'étaient enfuis. On a marché trois bonnes heures, toujours pas d'ennemi en vue. Le commandant connaissait bien son métier. Il nous donnait des pauses quand il fallait. L'eau de la rivière était glacée. Je m'en suis passé deux fois sur la figure. C'était génial. Le commandant s'intéressait à moi. C'était à moi qu'il donnait tous ses ordres.

Au-delà de la forêt, une vaste plaine s'étendait sous nos yeux. Un bel endroit, vert et doux. Une vingtaine de tentes s'alignaient les unes à côté des autres en bas de la rivière. Un grand troupeau de moutons se promenaient au cœur de la plaine. L'envie m'est venue de leur tirer dessus. On était dans la position couchée à attendre les ordres du commandant. Les femmes s'occupaient à tisser des kilims dans les tentes autour desquelles les enfants jouaient. Mais les hommes n'étaient nulle part autour. Ça sentait pas le roussi.

L'adjudant nous a avertis que les hommes pouvaient être en guet-apens dans les tentes. Le commandant, lui, nous a commandé de laisser tranquilles les femmes et les enfants, mais aussi qu'en cas de besoin on pouvait tirer sur les hommes. Il a répété plusieurs fois de ne pas tirer sur les femmes et enfants. Le premier jour, sur la colline, il semblait pas être si compatissant. Mais maintenant il était si sérieux à propos des femmes et des enfants que même moi, j'ai flippé.

On est passé à l'attaque de trois côtés. On s'est approchés en rampant. Ils ignoraient complètement notre présence. On s'est levés au signal du commandant et s'est dirigé vers les tentes en courant. Le commandant criait des choses dans leur langue. On les a entourés. Les femmes et les enfant se sont rués dans les tentes. Les quelques mecs qui somnolaient dedans, en sont sortis aux cris des femmes. Rien qu'à nous voir, ils se sont assis à terre, les mains sur la tête. L'un était tout courbé par l'âge et presque aveugle. Un autre était encore un gamin ; sa lèvre supérieure était à peine couverte de quelques poils. On a laissé les femmes et les enfants. On a menotté les mecs et les a embarqués.

Le commandant connaissait leur langue. Il avait pris des cours. Mais les conards ne répondaient pas. Le commandant était fou de rage. Il nous a ordonné de les taper. Quelques autres soldats et moi les avons battus un bon moment, sans succès. Ils gémissaient sans rien dire. Le temps commençait à s'assombrir et le commandant était fatigué ; il était tout en sueurs. Il a dit de les pendre aux arbres. On les a désapés et suspendus par les pieds. Le vieux poussait des cris aigues. Le commandant m'a nommé gardien, avec deux soldats à mes ordres. C'était nickel !

Je devais les faire parler d'une façon ou d'une autre. Je ne connaissais pas leur langue, donc, je répétais ce que j'avais entendu de la bouche du commandant et je leur donnais des coups de crosse à l'estomac. Je voulais tant être celui qui les ferait parler. Ils étaient difficiles et costauds. Mais moi, je devais les mater. La nuit tombée, j'ai fait descendre l'enfant de l'arbre. Je l'ai giflé un moment. Il pleurait mais il détournait son regard pour pas que je voie ses larmes. Je l'ai saisi par la gorge, je l'ai soulevé, je l'ai jeté par terre. Puis je l'ai tiré vers les arbustes. Il se débattait. Un des soldats a compris ce que je voulais faire ; il est venu m'aider pour le traîner derrière les arbustes. Une fois qu'il s'est mis à gueuler, les autres ont commencé à jacter ! Je l'ai laissé au soldat qui m'avait aidé et j'ai couru, heureux, vers la tranchée du commandant.

Un des prisonniers a avoué avoir accompagné les rebelles dans l'attaque de la veille. Il répondait du tac au tac aux questions du commandant. C'était le père de l'enfant. Le mec parlait et le commandant me regardait en hochant la tête. Ça me faisait plaisir…grave ! J'étais assis sur une pierre près des tranchées, je fumais un clope en faisant des ronds avec la fumée. L'adjudant m'a dit de l'éteindre. Il était interdit de fumer la nuit. J'ai tiré deux grosses taffes avant de le jeter vers la forêt.

Le mec a tout craché. Il a dit au commandant que les rebelles appartenaient à trois familles nomades différentes, installées au-delà de la montagne. Les mecs avaient laissé femmes et enfants et ils étaient allés se cacher dans la montagne depuis la veille. Eux-mêmes, ils n'appartenaient à aucune de ces familles mais s'ils les avaient pas aidés, les autres les auraient tous égorgés. Il a même révélé la place de leurs armes.

Dans le clair-obscur de l'aube, l'adjudant, quelques soldats, et moi nous en sommes allés vers les tentes. En nous voyant, les femmes et les enfants ont vite fait d'aller se cacher. On a déterré les armes, enveloppées dans des fourrures de mouton. Elles sentaient la poudre et elles dataient du déluge. Pourtant, c'était avec elles qu'ils avaient tué nos hommes. Trois, la première nuit. Personne n'aurait pu y pensé. Les fils de putes ! On a fait sortir les femmes et les enfants des tentes. Elles étaient pas mal, les femmes. On a mis le feu aux tentes avec tout ce qu'il y avait dedans. Si c'était à moi de décider, j'aurais mis le feu à tout. Mais le commandant avait précisé les tentes. Comme ça, ils seraient obligés de se réfugier dans la montagne et de vivre avec les autres familles nomades. On avait l'ordre de les éloigner le plus possible des tranchées. Les femmes se sont mises à s'agiter en voyant les feux. L'une d'elles s'est approchée de moi et m'a donné un coup de poing dans la poitrine. J'ai saisi son bras et je le lui ai tordu. Elle s'est mise à geindre. Ça m'a plu et j'ai tordu plus fort. Son dos s'est courbé et sa tête s'est tournée vers le ciel. Elle pouvait pas bouger. Je l'ai tirée vers moi, je me suis collé contre elle par derrière. Elle a remué un peu, sans plus. Elle s'est vite calmée. J'ai fourré mon autre main sous sa robe rapiécée. Ses seins sont tombés dans ma main. Elle avait à peine vingt ans. Je l'ai serrée fort dans mes bras. Ma braguette a failli craquer. Les flammes ondoyaient et me brûlaient le visage. De l'autre côté du feu, l'adjudant hurlait qu'il fallait rentrer. « Allez-vous-en, lui ai-je répondu, j'arrive ». J'ai mis ma main entre ses cuisses. L'adjudant s'est approché. « Laisse-la, il faut rentrer, m'a-t-il dit, on est en danger là ». Le salaud ne lâchait pas la rampe. Je voulais vraiment lui foutre une balle dans la gueule. Il me l'a tirée des bras de force. Mon doigt était en sang. J'hésitais toujours. « Je te balancerai si tu viens pas tout de suite », a-t-il menacé, en colère. J'avais pas le choix. J'ai visé la fille, lui ai fait un clin d'œil et je m'en suis allé.

La guerre ne ressemblait pas du tout à ce que j'imaginais. Les ennemis n'étaient pas une cible figée sur qui on pouvait tirer à volonté. Ils savaient combattre mieux que nous, quoique dépouillés de tout équipement. Comme si la guerre n'avait rien à voir avec nos logistiques. Chacun savait la faire d'instinct avec ce qu'il trouvait sous la main. Une seconde de distraction suffisait pour qu'ils te brûlent la cervelle avec leurs antiquités et t'envoient faire ton dernier voyage. Installés au-delà de la rivière, ceux parmi eux qui pouvaient combattre s'étaient réfugiés dans la montagne, dans la forêt. Ils se glissaient dans les fissures de la terre ou dans les grottes on aurait dit des serpents ; ils se cachaient derrière les arbustes, entre les arbres, et même sous la terre, on aurait dit des lézards. Les salauds pouvaient endurer la soif et la faim pendant des jours comme des chameaux. Et ils nous attaquaient presque toutes les nuits, comme des loups attaquant un poulailler.

Bien sûr, le lendemain on leur tombait dessus et on ne les lâchait pas tant qu'on n'en avait pas tués une dizaine, mais plus on en tuait, plus ils se multipliaient, comme les rats des champs. A mon avis, il fallait tuer leurs femmes pour qu'elle cesse de mettre au monde leurs marmots. Il fallait balayer toute la région avec un missile comme il faut. Le problème, c'était qu'on n'avait pas l'appui de l'arrière. Non seulement les avions nous manquaient, les forces humaines n'étaient pas remplacées. Il y avait de temps à autre des hélicos qui nous amenaient des munitions et ramenaient les morts. Mais, c'était tout.

Au début, ce n'était pas si mal. Ils envoyaient assez vite des renforts. Peu à peu, il y en a eu de moins en moins et soudain plus du tout. Nos effectifs diminuaient constamment. On était devenus des rats, sur qui ils tapaient avec des pioches. Le commandant disait qu'il n'y avait pas unanimité entre les hommes politiques ; les uns étaient contre la guerre, les autres pour. Nous étions égarés, perdus, attendant qu'un des côtés l'emporte sur l'autre. Les enculés !

On en avait tous marre. Je voulais pas partir en permission moi-même, mais certains avaient attendu des mois et leur tour n'arrivait jamais. Ils étaient nerveux et se battaient tout le temps entre eux. Personne n'osait me regarder de travers, le bruit de la bagarre s'entendait constamment dans les tranchées.

Ça faisait trente nuits que je n'avais pas fermé l'œil. Il fallait monter la garde toutes les nuits, tellement nous manquions d'effectifs. Je savais plus si on était là pour les tuer ou pour se faire tuer. De quelque côté qu'on les attaquait, ils s'enfuyaient de l'autre. Ils n'avaient pas de place fixe ; chaque rocher leur servait de barricade et chaque grotte de foyer. S'il ne voulait pas s'engager, ils s'en allaient sur quelque montagne distante, et si, pour notre plus grand malheur, ils osaient s'engager dans un combat, là-haut, un seul égalait dix d'entre nous. J'étais comme les autres fatigué et nerveux.

Ma seule satisfaction, c'était la fille. Ça faisait plus d'une semaine que je l'avais pas vue. Je m'énervais. J'avais envie d'elle. Un jour, on est allés fouiller les tentes. Même si on était sûrs qu'il n'y avait plus aucun homme, on devait fouiner partout, parce que le commandant avait insisté pour qu'on cherche même dans leur casserole. On cherchait les tentes les unes après les autres. Ils avaient moins peur de nous maintenant. Les femmes faisaient du pain dans les fours aménagés dans le sol. L'odeur du pain cuit remplissait l'air. J'en ai pris un bout. Ça faisait longtemps que j'avais pas mangé du pain frais et chaud. Une vieille, assise en tailleur, faisait battre le yaourt en balançant une grande outre suspendue. Je les détestais tous, c'est vrai, et je voulais brûler leurs enfants, leurs vieux, leurs femmes et leurs hommes du même feu, je me suis tout de même assis là sans réfléchir et elle m'a servi un verre de dough. « Qu'est-ce que tu fais là, putain ? » m'a lancé l'adjudant en sortant d'une tente. « Tu veux bien bouger ton cul ? » J'ai mis un bout de pain dans ma bouche et j'ai vidé le dough au fond de ma gorge.

J'ai fait le tour de quelques tentes, vite. Dans la dernière, j'ai vu la fille. Elle m'a reconnu. Je me suis approché d'elle. Elle a pas paniqué. Elle était calme, toute calme. Je me suis d'abord méfié. Peut-être qu'elle berçait une autre intention, même l'autre jour lorsqu'elle m'avait attaqué. Pourquoi moi, parmi tous ces soldats ? Ou bien elle n'avait plus d'espoir en personne après tout ça. Je comprenais pas. Comprends toujours pas. Quoi que ce soit, elle en avait envie elle-même. Avant de la toucher, elle me semblait consentante, mais dès que je m'y suis mis, elle m'a griffé le visage comme une chatte. Ça m'a fait mal et j'ai senti la chaleur de mon sang couler le long de ma joue. Je lui ai donné des gifles pour qu'elle se calme. Elle avait des brûlures sur son corps. Comme si on l'avait marquée au fer rouge. J'ai fini vite et je suis sorti.

A partir de ce jour-là, chaque fois que j'allais en patrouille, on se voyait dans cette même tente. D'abord, il fallait la battre. Elle adorait ça. Elle jouissait pas sans. Elle m'avait déchiré le corps partout. Ça me faisait du bien. Plus elle m'écorchait, plus je la battais. Une fois, je l'ai battue si fort que son nez a saigné tout le temps et elle s'est évanouie à la fin.

Je m'y étais habitué peu à peu. J'allais en patrouille même quand c'était pas mon tour. Certains suspectaient qu'il se passait quelque chose. Si on le découvrait un jour, j'étais fichu. Je risquais même de me faire fusiller pour intelligence avec l'ennemi. Je connaissais pas sa langue mais je pouvais comprendre son état. Elle aussi, elle avait peur. Qu'est-ce qu'il adviendrait d'elle si jamais quelqu'un flairait quelque chose ? Il fallait trouver un moyen avant qu'on soit dedans jusqu'au cou.

On ne se touchait plus dans la tente. J'allais près de la rivière après avoir fait le tour des tentes et j'attendais…caché dans un coin. Dès qu'elle réalisait que j'étais là, elle dirigeait le troupeau des moutons vers moi. On allait dans la forêt parmi les arbustes. Je ne la battais plus. Je m'asseyais près d'elle et je regardais les moutons brouter dans la plaine. Elle suivait les moutons qui s'éloignaient…et moi, je restais assis à les regarder. Elle les rassemblait et elle s'en retournait vers les tentes…et moi, je la regardais s'éloigner.

Ce jour-là, j'étais mal, énervé. Je comprenais pas ce qui me prenait. Malgré mon besoin de sommeil après la garde, je suis allé au bord de la rivière sur le lieu de rencontre. J'ai attendu deux heures avant qu'elle se rende compte de ma présence et amène le troupeau de ce côté-là. Rien qu'à la voir, je me suis senti mieux. Je n'en revenais pas mais elle m'avait manqué. Personne ne m'avait manqué jusqu'alors. On est allés dans la forêt et j'ai oublié qui j'étais, où j'étais. Je m'étais séparé du monde entier sauf d'elle. On faisait ce qu'on faisait lorsque j'ai entendu des bruits de pas. J'y ai pas prêté attention au départ, mais le bruit s'est rapproché. J'ai silencieusement regardé à travers les branches. Quatre hommes armés. Ils nous cherchaient pour sûr. Ils étaient au courant et à deux pas de nous. J'étais terrifié. Elle aussi qui était blanche comme de la chaux. Mes armes et mes habits n'étaient pas à ma portée. La fille était morte de peur. J'ai fait chut, le doigt sur la bouche en souriant. Je me montrais calme. Je voulais pas qu'elle voie ma peur. Je me suis rassuré en me disant qu'ils nous trouveraient pas. J'avais pas les couilles de bouger. Je gardais juste un œil sur eux à travers les arbustes.

Ils s'étaient dispersés dans la forêt et chacun avançait dans une direction différente. L'un d'eux s'approchait de nous. La fille me suppliait du regard. On aurait dit que ses yeux allaient sortir de leur orbite tellement elle avait peur. Le type est venu encore plus près. Il était à deux pas de nous, je lui ai sauté dessus comme un tigre et j'ai cogné son flingue. Un coup est parti mais ne m'a pas touché. Il est tombé d'un côté, son flingue de l'autre. Je me suis jeté sur le mien et je l'ai empoigné. La fille voulait venir près de moi mais le type l'a prise par la cheville et l'a jetée à terre. Je me suis mis à courir, tout nu, à toutes jambes au beau milieu de la forêt. Puis des éclats de tirs continus mêlés aux cris de la fille ont retenti dans la forêt.

J'ai couru sans souffler jusqu'aux tranchées. Ils n'étaient plus à mes trousses. La sueur me coulait de la tête aux pieds, mais ça valait la peine parce que j'étais toujours en vie…et sain. Je me suis assis et je me suis appuyé à un arbre. J'avais eu de la veine. J'étais tout nu. Je savais pas comment retourner aux tranchées. J'étais obligé d'attendre la nuit. La moindre gaffe et je me prenais une balle des gardes. La nuit tombée, j'ai rampé vers les tranchées, je me suis planqué derrière un arbre, puis j'ai hurlé : « tirez pas, chui des vôtres » ! Presque impossible de faire comprendre au garde qui j'étais. En lui faisant mille et une promesses, je l'ai persuadé de m'apporter des habits et de rien dire. Je lui ai promis de monter la garde deux fois à sa place.

Le lendemain matin, on a trouvé le corps de la fille dans la forêt près des tranchées. Ses deux bras attachés à deux branches espacées, elle était suspendue en l'air. Son visage, écrasé à coups de crosse, n'était pas reconnaissable. Je ne l'ai reconnue qu'aux brûlures de son corps. Personne n'en a parlé, mais tout le monde savait pourquoi on l'avait tuée. Le commandant nous a envoyés l'enterrer. Deux soldats et moi avons pris son cops derrière les tranchées et nous avons creusé une fosse. La sueur et la terre se mélangeaient sur mon front et descendaient le long de ma bouche. Je peux toujours en sentir le goût. J'avalais ma salive tout le temps et clignait des yeux. Je me suis laissé tomber sur une pierre et j'ai attendu qu'ils finissent de remplir la fosse. « Elle est morte, elle a jamais existée. C'est fini. » J'ai donné un coup de pelle sur la terre bombée de sa tombe, et je m'en suis allé en suivant les deux autres.

Avec l'arrivée de l'hiver, faire la guerre est devenu mille fois plus difficile. Le froid faisait craquer les os en dedans. Nos paumes se collaient à la carcasse métallique des armes. Pendant les gardes, nos paupières gelaient. La neige atteignait nos hanches. Les nomades s'étaient déplacés vers des régions plus chaudes. Mais les rebelles étaient restés dans les montagnes pour faire de nos vies un cauchemar. L'hélico ne venait qu'une fois par semaine. A l'entendre s'approcher, une nouvelle force poussait dans nos veines. Ça nous rappelait qu'on ne nous avait pas encore oubliés. On ne distinguait plus le jour de la nuit. La survie même était difficile, dire qu'il fallait combattre, et gagner en plus! L'hélico ne pouvait pas atterrir, le fils de pute! et faisait descendre les munitions et les provisions par une corde. Le souffle de ses pares nous courbait l'échine, et comme des chiens encagés, nous regardions avec une envie malheureuse la corde qui s'étendait du ciel vers la terre. Le pilote nous regardait de derrière ses lunettes noires, il nous envoyait un baiser et il se foutait de nos gueules. Je lui en voulais. J'avais envie de lui tirer une balle dans la gueule pour lui faire voir à qui il avait affaire.

Si quelqu'un se blessait, c'était fini pour lui. Il gueulait jusqu'à claquer. Puis, on le mettait dans un cercueil en bois, l'enfouissait dans la neige en attendant l'arrivée de l'hélico. Ensuite, attaché aux cordes tendues de l'hélico, montant dans le ciel, le cercueil commençait à se balancer en l'air. On l'appelait le berceau des morts. Je me disais à chaque fois que la prochaine fois ce serait à moi de m'y coucher. Je n'avais peur de rien les premiers temps, mais la peur me pénétrait de plus en plus. Je défaillais rien qu'à entendre une déflagration. Dans ce froid terrible, je me noyais dans ma sueur.

La guerre avait changé. Il arrivait qu'on ait des semaines sans blessés. Et puis en un seul jour, quatre ou cinq personnes se faisaient brûler la cervelle. Les rebelles s'attachaient des grenades, se glissaient dans les tranchées ou parmi les soldats, dégoupillaient la grenade et envoyaient tout le monde au diable. Il tombait de la chair du ciel. Combien de fois me suis-je nettoyé la gueule du sang de mes camarades, je ne sais même pas ! Il m'arrivait des fois de me mettre à courir et de m'essuyer le visage sans avoir de sang dessus. J'étais sur le point de péter les plombs.

On a compris peu à peu que moins on les tue, moins ils nous tuent. A quoi servait-il de tuer des gens qui n'avaient pas peur de mourir ? C'est pour cela même que les attaques étaient devenues de plus en plus rares. Même en les croisant dans la forêt, on ne leur tirait plus dessus, on faisait semblant de ne pas les avoir vus. On roulait calmos. Personne ne le disait tout haut, mais on ne faisait plus la guerre. On faisait semblant. On les attaquait des fois, en sachant qu'il fallait essuyer la contre-offensive la même nuit ou les nuits suivantes.

Moins de conflits, moins de tués. Le froid ne nous laissait pas de repos mais on était tranquille d'avoir la vie sauve. Le commandant ne s'en mêlait pas non plus. Il jouait au con. On en était tous contents.

Le temps chaud, la neige disparue, les nomades ont resurgies. L'hélico pouvait descendre maintenant. Ça sentait mauvais. Les premiers jours mêmes, plusieurs inspecteurs nous sont tombés dessus. Par ordre du commandant, on a attaqué l'une de leurs positions dans la montagne. Fini le bon temps de la paix. Escalader les rochers, nous camoufler et avancer nous étaient devenues une torture maintenant. On râlait tous. Notre seule joie venait du printemps vert et beau. Il y avait des sources sous toutes les pierres.

L'adjudant a signalé qu'on y était. Une petite embuscade dans une grotte. Six types étaient assis à l'entrée de la grotte autour d'une bouilloire noircie de fumée sur le feu, leurs armes déposées par terre devant eux. On cherchait pas d'ennui. Ça, on le savait tous. J'ai visé la bouilloire et boom ! L'écho du tir s'est répercuté fort dans la montagne. Ils étaient surpris. Ils se sont enfuis sans résister et à toutes jambes. On les a pas traqués. On était contents qu'il y ait pas eu d'affrontement. On a fait exploser leur position en ramenant leurs armes aux tranchées.

C'était à eux de jouer la nuit même. J'étais de garde. J'avais pas fermé l'œil depuis l'arrivée des inspecteurs. Les yeux ouverts, j'y voyais rien. J'étais pas dans ce monde. J'étais toujours ailleurs. Après l'éclat des premiers tirs, je comprenais toujours pas ce qui se passait. Quand le commandant a tiré une fusée éclairante et que tout a commencé à briller d'une lueur rouge, j'ai cru qu'on m'avait tiré dessus. J'ai cru que j'étais mort. Terrifié, j'ai vidé un chargeur en l'air. Mes bras et mes jambes tremblaient. Ça a duré longtemps avant que je me calme. J'avais eu de la veine. Ils m'auraient tué facilement s'ils l'avaient voulu. Ils avaient tiré un bon moment mais sans l'intention de tuer. Ils avaient seulement tiré dans les sacs de sables.

Cette attaque nocturne fit peur aux inspecteurs. Le lendemain, ils ont foutu le camp. Qu'est-ce qu'on était contents de leur départ ! Ils auraient dû attaquer plus tôt.

Il y a pas eu d'affrontement pendant quelques temps. Ils avaient oublié la guerre en voyant leur famille. Pourtant, je faisais des cauchemars toute la nuit durant. Eux non plus, ils osaient pas aller dans leurs tentes tranquillement, même si on les avait pas attaqués depuis bien longtemps. Ils étaient toujours dans la montagne et rendaient de temps en temps des visites, inattendues et furtives, à leur famille. Cette putain de guerre avait paralysé tout le monde.

Un jour, un mec désarmé, portant un drapeau blanc s'est approché des tranchées. On se demandait ce qu'il voulait. A deux pas de nous, il s'est arrêté et il a hurlé quelque chose. On l'a capturé sous l'ordre du commandant. Moi, je fumais, assis sur les sacs de sables. Même si je savais pas ce qui se passait au juste, je sentais bien que c'était une bonne chose.

Ils voulaient la paix. Ils en pouvaient plus. Il ne disait rien, le commandant. Il était debout, figé, à regarder la forêt. Un remue-ménage sans précèdent dominait les tranchées. Chacun disait quelque chose. On était flattés de leur avoir fait comprendre qu'ils ne pouvaient pas nous battre. Nous non plus d'ailleurs. On n'en pouvait plus. Cependant, il nous était impensable de faire la paix avec une bande de clochards. Le commandant l'a laissé partir. Pendant les jours qui ont suivi, nous étions tous paumés. Les rebelles ne nous attaquaient pas, on ne faisait rien non plus, et pourtant on n'était pas tranquilles. On avait constamment peur comme des chiennes, peur qu'ils nous attaquent, peur qu'ils nous tombent dessus et que tout soit à recommencer.

Il y a eu des murmures comme quoi on devait accepter leur paix. Tout le monde avait repris ses esprits. Pourquoi se faire tuer ? Le commandant nous a fait rassembler. Il a discouru pendant deux heures. Personne ne bougeait. Aucun bruit ne sortait des rangs. « La paix veut dire la trahison, disait-il, et la peine sera l'exécution. » On le savait tous. Tout soldat le sait. Mais on voulait tant la paix. C'est-à-dire qu'on détestait faire la guerre encore plus que faire la paix avec eux.

« On vote », a-t-il laissé entendre enfin. « On ne fait la paix qu'à condition que tout le monde soit d'accord. Une seule opposition équivaut à la guerre. » Tout le monde a été d'accord. Après le vote, on a tous juré d'en parler nulle part, jamais. On a convenu de tuer celui qui en parlerait, n'importe où, n'importe comment.

Sans armes, le commandant et mon frère sont allés négocier dans la montagne. Ils sont revenus au bout d'une demi-journée. En ce qui nous concernait, il ne fallait pas traverser la rivière armé. Eux, ils ne pouvaient pas venir de ce côté de la rivière. A aucune condition. Après cet accord, on montait toujours la garde. On se tenait sur la réserve. Le doute restait prégnant. Ce n'était peut-être qu'une astuce pour nous surprendre. On s'est calmés avec le temps. On a cru la guerre finie. Plus de garde pendant la nuit. On se rassemblait autour du feu et on dansait jusqu'à l'aube.

Suivant les ordres du commandant, on tirait en l'air dans la forêt. Là où il y avait personne aux alentours, on faisait exploser les munitions. Le commandant continuait de faire ses rapports régulièrement au centre et demandait des munitions. Et l'hélico continuait à nous apporter des munitions et de la nourriture. Je lui faisais signe de la main, au pilote. C'était maintenant notre tour de rigoler dans notre barbe

Le commandant jeta violemment le sans-fil à terre et jura. Je ne l'avais jamais vu si fâché. Il se comportait toujours avec un tact calculé malgré sa jeunesse. Il jeta un regard vers l'adjuvant qui regardait dehors à l'aide d'une paire de jumelles, sans prêter d'attention au commandant. C'était un jour paisible. Depuis l'armistice, pas une balle n'avait été tirée sur nous. « L'ennemi n'est pas au-devant, cria-t-il énervé, il est à l'arrière. » L'adjuvant ne se retourna même pas. « Qu'est-ce que vous voulez dire, mon commandant ? » dit-il dans la même posture.

- Je veux dire qu'il faudra reprendre la guerre. On est à deux pas d'être foutus.

L'adjuvant et moi nous regardâmes, étonnés et inquiétés à la fois. La situation semblait assez sérieuse.

- Qu'est-ce que ça veut dire, mon commandant ?
- Ça veut dire qu'ils envoient des inspecteurs. Ça veut dire qu'ils sont pas imbéciles et qu'ils se doutent de quelque chose. Et il continua plus bas, comme s'il se parlait à lui-même : je savais, je savais qu'enfin…
- Mais ça se peut pas, on a un accord avec les nomades !
- Ça se peut pas ? Ça se peut pas ? Qu'est-ce que tu racontes ? Tu crois qu'on est là pour jouer ? T'a oublié si vite, hein ? une bande d'étudiants qui campent dans la forêt ? Fais réunir tout le bataillon. Vas-y, vite. On n'a pas de temps à perdre.

L'adjuvant traînait pour sortir, comme s'il avait su qu'une fois sorti il ne remettrait jamais le pied dans cette pièce. Quelques secondes plus tard, le boucan fait par les soldats remplit les tranchées. Le commandant tapota son uniforme et la poussière remplit l'air. Il rajusta le galon sur son épaule. Il remit son képi, reprit son colt qu'il n'avait pas touché depuis bien longtemps et sortit. Il était comme les premiers jours de notre arrivée. On aurait dit que le temps de la paix touchait vraiment à sa fin.

« ...ils se doutent de quelque chose. Si les inspecteurs arrivent et découvrent ça, on ne sera pas exécutés. Toute la région sera bombardée. Ils laisseront à aucun prix que ça sache. Le pays est sous la pression intérieure et extérieure. Si ça se sait, ils seront finis, eux-mêmes ... »

Cela voulait dire qu'il fallait recommencer la boucherie. Le tapage a repris, qui avait pris fin avec les premiers mots du commandant. « Comment s'en sont-ils doutés ? » quelqu'un cria du milieu de la foule, « on a fait tout ce que vous aviez dit. »

- C'est vrai. Moi aussi, je faisais mes rapports comme d'habitude et je demandais des munitions. Mais le problème c'est qu'on ne se fait plus tuer. Et il n'y a pas de guerre sans tué. Dans la guerre, ou tu gagnes et tu tues l'ennemi ou c'est eux qui te tuent. Je n'y avais pas pensé. Il faudra finir le cessez-le-feu le plus tôt possible. Il faut recommencer la guerre dès aujourd'hui.

Un soldat sortit des lignes, laissa tomber son fusil et souffla d'une voix nerveuse et tremblante :

- Moi, je fais plus la guerre, même si on me bousille. Réglons ça une fois pour toutes.
- On tuera l'inspecteur, cria un deuxième.
- Ils veulent des corps et on leur envoie le corps de l'inspecteur.

Tout le monde éclata de rire. Si une telle idée avait passé par la tête d'un soldat pendant les premiers jours, on l'aurait arrêté et fusillé sur-le-champ. « On les surprendra », disait le commandant avec l'envie de les persuader, « ils sont sûrs de nous maintenant et ils ne s'attendent pas à une attaque. On pourra les repousser facilement… ». L'adjuvant, retiré dans son coin, l'interrompit : « Non, mon commandant, ils ne seront pas surpris. Ils seront pas vaincus. Ils nous ont eus dans leur collimateur depuis le début. Et même maintenant, il y en a deux qui nous surveillent de là-bas en haut de la colline. Et tout est à l'envers maintenant. Rien ne va plus. On est moitié moins qu'au début, tandis qu'eux, ils se sont alliés avec d'autres familles. En plus, maintenant, ils ont l'expérience de la guerre. Soyez sûr qu'on se fera balayer si on s'engage cette fois. »

Mon frère, qui était resté dans la tranchée jusque-là, sortit sa tête. Le soleil lui plissa les yeux. Dans son sous-vêtement blanc, il avait l'air de s'être à peine réveillé en entendant ces mots. Tout le bataillon avait peur de lui, même le commandant. Il était deux fois plus grand que n'importe lequel d'entre nous. Et le meilleur tireur. Il ne ratait jamais sa cible. « Je fais plus la guerre », hurla-t-il en s'approchant lentement de nous. « Si vous vouliez la guerre, pourquoi vous l'avez pas faite ? C'est fini pour moi. Je démissionne. Ils nous prennent pour des moutons sacrificiels avec ce petit sous qu'ils nous mettent dans la main ? S'ils veulent la guerre, ben, ils ont qu'à venir la faire ! »

Le commandant avait perdu tout contrôle de la situation. Il descendit donc du rocher sur lequel il était. S'il tenait tête à tous, il serait accusé de tout et tué. De toute façon, il était en plein dedans plus que nous tous. En tant que responsable du bataillon, c'est lui qui avait rédigé les rapports et avait conduit les négociations de paix. Il était plus impliqué que les autres. Debout au milieu de la foule, il écoutait.

- On s'casse. On va dans la forêt. Et c'est tout. Ils pourront plus nous toucher, dit l'un.

- T'est fou ou quoi ? Dans la forêt on sera foutus dès le premier jour. Hé on est pas tarzan, là. Sauf si on va vivre avec les singes. Et tu sais que dans leurs tentes, c'est pas comme chez toi. Les jeunes font ce que font les femmes! ironisa un autre.

- Pourquoi pas fonder une famille nous-mêmes, seulement, on n'a pas de femmes, hein ? proposa un troisième, sur quoi tout le monde éclata de rire.

On perdait la tête.

- La guerre, c'est bientôt fini. Ma mère me l'écrit. Elle dit que les journaux en parlent tout le temps. On attend un peu et on est sauvés.

- Après tout ça, c'est maintenant qu'on s'en va? Mais vous êtes fous ou quoi ? Se barrer quand la guerre va finir ? Non, mon bon m'sieur. C'est pas comme ça que je vais finir. Je veux devenir héro de la guerre, moi. Je veux du respect et tout et tout.

- Et moi, ma fiancée m'attend. Je veux l'épouser, enfin. et je peux le faire avec ce qu'ils m'ont donné de pognon jusque-là. On s'aime depuis qu'on était des gamins. Ni cette guerre ni rien d'autre ne pourra nous séparer.

On avait tous le vertige. Le commandant monta sur le rocher de nouveau. « Il faut faire la guerre, donc ? » demanda-t-il. « On vote », répondit l'adjuvant. « On a voté pour la paix l'autre fois, on vote aussi pour la finir. » Tout le monde se taisait. Ils étaient d'accords. « Soldats, à vos rangs, fixe ! » cria le commandant. On forma vite les rangs. Un silence de mort régnait dans le camp. « On vote », dit le commandant. « Tous ceux qui sont pour reprendre la guerre, sortez des lignes. » Quelques-uns bougèrent, mais voyant les autres figés à leur place, ils cédèrent. « Tous ceux qui sont pour casser le cessez-le-feu, sortez », répéta le commandant. Inutile. L'adjuvant monta sur le rocher. « Tous ceux qui sont pour se casser, sortez des lignes », cria-t-il. Au bout de quelques secondes, il a répété. Inutile encore. « Pas de guerre, pas d'évasion », chuchota le commandant. « C'est joli, ça. Ceux qui sont pour le peloton, sortez. » Personne n'a bougé. On dirait un champ de statues, une forêt de morts. Pendant longtemps, personne n'a rien dit. Le soleil arrivait à son zénith. Les nomades, soupçonneux de ce qui se passait, avaient envoyé des cavaliers armés pour nous surveiller. Ils prenaient position, sans camouflage, sur plusieurs collines. Rompant le silence, un des soldats, plus âgé que les autres, déclara : « Ils veulent des tués, on leur en donne ».

Hésitant, il se tut pour étudier la réaction des autres. Les statues restaient toujours figées. Reprenant son courage, il continua : « Si on a un corps, tout se remettra dans l'ordre. Il y aura plus d'inspecteurs pour quelques temps. D'ici là qui sais ce qui va arriver. Y aura des supplétifs, peut-être. Ou peut-être que la guerre sera finie. Si…si on tire au sort et on sacrifie l'un d'entre nous, les autres seront sauvés. Il ne faudra plus faire la guerre. Il ne faudra plus s'enfuir. Il n'y aura plus de tribunal. On en tue un et on sauve les autres. Un pour tous. » Si quelqu'un avait proposé une telle chose au début de la guerre, les autres l'auraient cru fou. Cependant, à cet instant, personne ne protesta. On baissait la tête tous comme si on avait honte d'avoir donné notre accord à ce plan.

C'est le commandant qui décida de la marche à suivre pour le tirage au sort : Il faudra laisser toutes les armes dans les tranchées sauf trois. On écrira tous les noms, jusqu'au commandant lui-même, sur des papiers qui seront ensuite mis dans la boîte aux lettres. Le commandant sortira les papiers, l'un après l'autre. L'adjuvant les ouvrira et les montrera aux autres. Les trois premiers à sortir prendront les fusils et tueront celui dont le nom sortira le dernier. Ceux dont le nom sortira en premier seront sauvés…le dernier sera le sauveur. C'est le nom qu'on attribuait au dernier : le sauveur. Le commandant insistait pour que tout fût fini avant le coucher du soleil. Il craignait que l'inspecteur arrivât le lendemain et que tout fût perdu. Tout le monde semblait content. Ils se croyaient tous assez chanceux pour ne pas tomber le dernier.

Le rituel commença assez vite. Le commandant écrivit les noms et plia les papiers. Cinquante-deux papiers.

Ainsi, le rituel allait durer plus longtemps. Si le quatrième nom à sortir devenait sauveur, tout finirait beaucoup plus vite. Mais on voulait tous prolonger l'affaire le plus possible. L'adjuvant banda les yeux du commandant avec un chiffon. Je pris la boîte des deux côtés. Le commandant sortit le premier papier et le donna à son subordonné direct. Les autres se serraient autour de nous trois. Tout le monde retenait son souffle. L'adjudant montra le premier nom. Le soldat dont le nom venait de sortir sauta en l'air et cria. Il se précipita pour empoigner un fusil, le chargea et visa les autres en position debout. Ceux dont les noms sortaient de la boîte, sortaient du cercle. Peu à peu les rescapés sont devenus plus nombreux que ceux dont les noms étaient toujours dans la boîte. Ils ont formé un autre cercle concentrique autour de nous. Ceux qui restaient s'agaçaient de plus en plus. Les rescapés se mirent à chanter des hymnes de guerre et leur voix s'accentuait à chaque seconde. Une situation à vous couper le souffle. Mon nom sortit enfin. Je tenais toujours la boîte. Mon frère me regardait, ahuri. Son nom n'était toujours pas sorti. Il dilatait ses narines et ses sourcils prenaient la forme d'un cimeterre. Je connaissais bien cette mine-là. Il restait toujours une dizaine de personnes. Les noms du commandant et de l'adjuvant demeuraient toujours dans la boîte. La voix de l'adjuvant tremblait en lisant les noms, contrairement au commandant qui avait les mains fermes et ne semblait point inquiet. Mon frère avait les poings serrés et me regardait, implorant. L'inquiétude me tordait l'estomac. Après bien des années, je le reconsidérais comme mon frère. L'adjuvant lit le nom suivant. Les yeux fermés, je priais que ce fût mon frère. C'était le commandant. Celui-ci continua sans montrer la moindre émotion. Il ne restait plus que trois noms. Il devait s'enfuir avant qu'il fût trop tard, mon frère. Je parcourus des yeux notre entourage. Nous étions complètement encerclés. Pas de fuite. Il n'en restait que deux, mon frère et l'adjuvant. Ce dernier était tout en sueurs. Le commandant sortit un autre papier et le donna à l'autre gradé. Ses mains tremblaient. Il le déplia péniblement et l'y posa son regard. Il ne bougeait pas. Figé, il ne montrait pas le nom. Mon frère s'approcha et le lui enleva des mains. Il souffla fort, tomba à terre et alla vers les autre à quatre pattes. Il secouait sa tête comme une balançoire. A peine arrivé aux cercles, il se mit à beugler avec les autres. Le chant était assourdissant. Ils tournaient autour de nous comme des peaux-rouges, à la queue leu leu.

L'adjuvant demeurait figé au milieu des bouts de papiers éparpillés par terre. Seul son nom restait à sortir de la boîte. Le commandant en sortit le dernier papier et le lui tendit. Son bras lui en tomba. Le commandant enleva le chiffon de ses yeux et s'éloigna de l'adjuvant. Je restais toujours là. Je voulus dire quelque chose. Je voulus consoler l'adjuvant. À quoi bon ? Qu'aurais-je pu lui dire ? Il valait mieux en finir vite. J'étais heureux de ne pas faire partie des trois premiers. Ils visèrent l'adjuvant. Je m'éloignai de lui. Il ne comprit ce qui se passait qu'au moment où je le quittai. Il frotta le papier entre ses doigts et rougit. On aurait dit qu'il venait de découvrir quelque chose. « Tricheur, tricheur… », cria-t-il en se ruant vers le commandant. « Ce conard a triché. » Il se pressa vite auprès du cercle et nous montra le papier en le brandissant. « Ce fils de pute a triché », dit-il un peu plus calmement, mais triomphalement. « Mon papier n'est pas le même que les autres. » On regardait le papier dans sa main. C'était vrai. C'était un papier blanc comme les autres mais d'une autre qualité. Ceux éparpillés par terre nous servaient pour les rapports quotidiens, mais celui de l'adjuvant était de ceux qu'on donnait au soldat pour leurs lettres. Il se retourna triomphalement vers le commandant et le saisit au col : « sal cochon ! » lui cria-t-il. « Tu voulais me faire tuer comme ça ? Mais qu'est-ce que je t'ai fait, putain ? T'es qu'un conard, t'es qu'un... » Le commandant le fixait des yeux tranquillement comme si de rien n'était. L'adjuvant se fâcha encore plus. L'autre lui donna un coup dans le ventre. Il se courba et se mit à geindre. Le commandant fît signe aux trois, qui avaient baissé les fusils, de tirer. L'adjuvant nous regardait d'un œil méfiant. Il s'approcha des autres, toujours courbé et dit en rigolant : « Hé les gars, vous avez tous vu. Il faut refaire. C'est pas juste comme ça. » Les canons des fusils continuaient à le viser. Les autres se retirèrent de derrière son dos. On était alors face à face, nous d'un côté, lui de l'autre. Il leva la tête une seconde. Un des boutons de sa chemise étaient tombé. Il prit une bouffée d'air et se mit soudain à courir vers la forêt. Quelques pas avant qu'il y disparût, l'éclat des tirs se répercutèrent dans l'air. L'adjuvant avança encore un peu en trébuchant. Il s'écroula sur le sol.

Chapitre 5

Il n'est pas clair pourquoi le directeur de l'édition a un tel retard, juste au moment où le temps coule avec autant de lenteur. Mais ce n'était pas mal jusqu'ici, tu t'es montré capable de te contrôler et d'éviter aux émotions destructrices de t'envahir. Tu glisses doucement ta main sous les papiers ; tu te sens comme un père qui embrasse son bébé. De ton autre main, tu feuillètes avec attention et délicatesse, à la manière d'un père qui caresse le visage de son bébé.

De toute ta vie, c'était le premier roman dont la lecture t'a plu. Il y a longtemps. Tu as lu le livre d'une seule traite avec enthousiasme. Ensuite, tu es tombé dans l'angoisse. Tu ne savais pas quoi faire. Tu te sentais étouffé, tu voulais t'enfuir. Si le directeur général de la police et le directeur de l'édition ne s'étaient pas précipités à ton secours, ça t'aurait achevé. Ils n'ont pas permis que le livre se vende à grande échelle, autrement, quelqu'un t'aurait trouvé et reconnu dans ce récit. Alors personne n'aurait pu faire quoi que ce soit. Même le directeur général aurait été obligé de se retourner contre toi. En revanche, ton projet actuel est inédit, original. C'est ce qui fait la réussite d'un homme. Tu as montré que tu méritais d'atteindre les plus hauts échelons. Non seulement as-tu garanti ton avenir, mais tu as aussi protégé la réputation de la police ainsi que celle de l'armée. Quand le livre de l'écrivain est devenu best-seller, tu as perdu confiance en toi. En plus, bientôt tous ses livres allaient attirer de l'attention. Tu ne savais pas ce que tu devais faire d'autant plus que le directeur de l'édition ne t'a pas été d'une grande aide : « Tout a changé. On est dans une nouvelle ère. Personne ne peut plus bloquer la distribution d'un livre. Avant vous, le ministère de la Défense nous a fait la même demande. Je leur ai expliqué que si l'on recourt à ce genre de manigance, le livre circulera d'autant plus vite. » Lorsque les frères ont déposé une plainte contre l'écrivain, une pensée t'a traversée. Tu t'occuperais personnellement de leur cas. Le journal des deux frères était une autre paire de manches par rapport au livre de l'écrivain. Même si les gens et les événements étaient presque les mêmes, l'écrivain n'avait pas tout copié de leur journal. Après les avoir fait passer à travers chaque couche de son cerveau, il les avait mis en page. Tu pourrais faire de même. En changeant et mêlant les récits, en supprimant les noms et les temps, en mélangeant les personnages, les accents, les cultures, tu pourrais écrire un texte labyrinthique auquel le lecteur ne survivra pas, où il ne pourra démêler ta présence. Les lignes d'un livre sont la meilleure planque. Dans les contes des *mille et une nuits*, un homme meurt rien qu'en feuilletant un livre blanc. Un livre sans récit tue le lecteur. Le lecteur existe à partir du moment où il y a un récit. Aujourd'hui tout a changé. Le monde d'aujourd'hui est un autre monde. Il faut détruire, neutraliser le lecteur en l'assaillant de récits, en bombardant son esprit par la multitude des événements. Ainsi, il n'aura plus la chance de distinguer quoi que ce soit dans l'imbroglio des événements. Dans ce cas, les livres de l'écrivain ne se vendraient plus. Un simple raisonnement le confirme :

« du point de vue économique, acheter ton livre est plus raisonnable. » Un objet à usage multiple au prix d'un objet simple. Toute personne saine d'esprit achèterait ton livre. Acheter un seul livre fait de plusieurs récits vaut mieux qu'acheter plusieurs livres. Tout le monde était d'accord avec ton projet, surtout le ministère de la Défense. Fort de tes expériences et de leurs informations, tu pourrais agir de manière à camoufler non seulement ta personne dans le récit, mais aussi ton pays et son armée. C'était ça le moyen, mais le directeur de l'édition hésitait toujours. « C'est vrai. Parfois c'est un coup efficace. Mais le livre reste dangereux. Il arrive toujours que quelques lecteurs parviennent à entendre ses plaintes sous les ruines des mots imposés. »

Il n'était point difficile d'arrêter le coupable. Il leur suffisait de se rendre dans un petit village éloigné, perdu au milieu des montagnes, de hautes montagnes blanches qui entouraient le village comme si elles avaient assiégées un accusé de meurtre qui voulait s'échapper à tout instant. La nature merveilleuse du village avait ébloui l'officier. Midi pointait lorsqu'ils prirent la route. Ils se rendirent en train à la ville la plus proche du village. Ensuite, ils montèrent dans la voiture que la gendarmerie locale avait mise à leur disposition. L'officier regardait dehors par la fenêtre à travers les longs cheveux noirs de la fille de la victime. A côté de lui, somnolait un jeune policier qui tenait son fusil entre ses genoux. Le conducteur était un agent qui connaissait bien la région.

Le sergent, assis à la place du mort, racontait ses souvenirs pour le conducteur et parlait avec ferveur d'une opération dangereuse où il avait arrêté des bandits.

Le chemin rocheux et sinueux remontait le cours de la rivière. La fille se collait à l'officier à chaque sursaut de la voiture. Il avait un sentiment étrange. Il ne se sentait pas du tout comme un policier en mission pour arrêter un coupable. Au-delà du bruissement de la voiture et des éclats de rire du sergent, il entendait par instants le clapotement du fleuve qui s'avançait au sein de la plaine en dansant. Il était troublé. Bien qu'il n'eût jamais mis les pieds dans cette région, il avait l'impression d'avoir déjà eu ce panorama sous les yeux, derrière les cheveux ondulants de cette fille. Il avait perdu le contrôle de ses pensées. Les images lui semblaient venir de l'esprit d'un autre. Il essaya de se reprendre. « Ça doit être mon amnésie. Sûrement, je suis déjà venu ici mais je m'en souviens pas. Ça doit être cette sacrée amnésie », se consola-t-il. Pendant la guerre, il en avait été atteint. A son retour, il avait complètement oublié sa mère. Quand le directeur général l'interrogea sur celle-ci, il se remémora l'espace d'un éclair, mais il n'eut aucune réponse à donner. Il dut répondre qu'elle était rentrée à sa ville natale. Il mit un peu d'espace entre lui et la fille pour s'extraire de cet état. Ensuite, il se pencha au-dessus du siège du chauffeur et lui demanda : « On est encore loin ? »

L'agent local les conduisit directement à la mairie du village ; une petite maison à peine transformée en bureau que dirigeait l'un des villageois. Quelques mois auparavant, la fille avait signé les documents attestant de la donation de son héritage. Le maire était consterné de voir ces gens là-bas. (« Qu'est-ce qu'un tas d'agents du bureau national peuvent avoir à faire dans son petit village ? ») Il était tout pâle et bégayait. Cependant, il leur fît un salut solennel en signe d'obéissance.

La fille avait l'air heureuse et excitée d'être là-bas. On aurait dit que l'air frais du village lui avait ramené un bonheur perdu. C'était peut-être pour cela qu'elle accompagnait l'officier partout, que des fois elle lui tenait la main et la serrait chaleureusement dans les siennes. L'officier lui avait conseillé à plusieurs reprises de ne pas même l'approcher en public, mais elle continuait à lui tenir et serrer la main amoureusement. (« Qu'est-ce qu'ils pouvaient bien penser, ces gens ? ») Pour cette raison, il essayait de retirer sa main d'entre les doigts délicats de la fille, mais de façon à ne pas l'humilier ou la vexer.

En voyant la fille descendre de la voiture avec les agents, le maire devina que l'affaire concernait les enfants du chef du village. Ainsi raconta-t-il tout ce qu'il en savait avant même que l'officier ne se soit présenté ou ne lui ait demandé quoi que ce soit. Ensuite, il les conduisit sur les terres du frère de la victime.

Au milieu d'un désert, ils virent un homme au visage brûlé, à la mine rugueuse. Une tête rasée et des cicatrices qui se voyaient sur son visage, même de sous sa barbe de plusieurs jours. Il labourait sa terre lorsqu'on l'arrêta. D'abord, il croyait qu'on l'avait arrêté à cause de l'héritage. Dès qu'il sut qu'on l'avait arrêté pour le meurtre de son frère, il attaqua les agents. Contrairement à la victime qui était de petite taille, c'était un géant. Les agents ne purent le maîtriser qu'en se donnant beaucoup de mal. Entouré des agents, il se débattait comme un chameau surexcité : « Salauds….fils de pute….bande d'abrutis….lui ? mais pourquoi lui ? Qui l'aurait dénoncé, hein ? lui, mais lui il était doux comme un mouton… » Les agents le menottèrent. Il les jeta tous à terre d'un coup de rein, et une fois libre de ses gardiens, il se rua vers l'officier et lui asséna un coup de tête. Le sang jaillit de la bouche de l'ex-militaire. Si ce n'était pas l'intervention de la fille, l'officier aurait sorti son revolver et aurait brûlé la cervelle du coupable devant tout le village. Il se contrôla difficilement, et d'un ton qui se voulait tranquille, donna l'ordre d'emmener le coupable chez lui.

La maison était bâtie pour loger beaucoup de monde, mais aujourd'hui une seule personne, le coupable, y habitait. Les agents commencèrent leurs investigations sans hésiter. L'officier les encourageait de temps en temps et leur rappelait de fouiller tous les recoins de la maison avec la plus grande précision. Une intuition lui disait que l'assassin est justement cet homme-là. Il souhaitait trouver quelque chose dans la maison pour appuyer son intuition. L'allure de cet homme montrait clairement qu'il n'avouerait jamais avoir tué son frère et que rien ne pourrait l'y forcer. Il lui fallait une preuve.

Froid et silencieux, l'homme se tenait debout dans un coin. Visage dénué de peur et d'émotion, il regardait les agents mettre sa maison sens dessus dessous. L'investigation avait duré trop longtemps, et l'officier, à bout de patience, ne cessait de râler. Ils avaient tout passé au peigne fin. Même le plancher, ils l'avaient défait. Mais toujours en vain.

Leur seul espoir était la pièce qui se trouvait de l'autre côté du grand jardin desséché de la maison. Son apparence montrait qu'elle servait naguère d'étable. Le maire qui, pendant toute la perquisition, était resté à l'écart et regardait leur acharnement, constata : « Cette porte, Monsieur, on l'a pas ouverte depuis longtemps. Quand le chef du village est allé au ciel, moi-même je l'ai plombée. Y a que des déchets là-dedans. Ce cadenas aussi c'est moi qui l'ai mis. La clé, elle doit toujours être à la mairie. J'ai dit plusieurs fois au fils du chef de venir la prendre, mais il est pas venu. C'était pas normal ». Sans prêter la moindre attention aux paroles du maire, l'officier tira sur le cadenas. La pièce enfermait dans son sein tout un amas d'objets anciens et usés. Au moment d'ouvrir la porte, l'officier se rendit compte que le suspect rougissait et haletait.

Les agents s'étaient penchés sur le bric-à-brac enfoui sous une grosse couche de poussière : des outils agricoles ruinés, des sacs amassés, deux sacs de couchage, quelques cartons défaits, et d'autres fatras. Les agents sortirent tous les objets et les examinèrent au clair du soleil. L'air était plein de poussière. La fille se mit à toussoter. L'officier la conduisit jusqu'à l'ombre d'un arbre dans l'allée.

Les sacs étaient vides, les cartons pleins d'objets ordinaires. Le sergent était en train de fouiller les lits quand soudain il retira la main d'un coup. Il tâta l'endroit avec prudence. Puis il déchira le lit à l'aide de sa baïonnette et en sortit la paille. L'officier s'approcha de lui. Il vit les grosses gouttes de sueur sur son front. « T'a trouvé quelque chose ? » lui demanda-t-il. Sans répondre, le sergent continua avec ardeur ; il sortit la paille et en tira quelque chose qui brillait sous la lumière du soleil ; un couteau à manche en coquillage. « Il faut… », voulut dire le sergent lorsque l'officier l'interrompit, retira le couteau de sa main, souffla la paille qui lui restait collée et libéra la lame. Une lueur de satisfaction brilla dans ses yeux. La lame avait la même forme que celle dessinée par le légiste. Il secoua victorieusement le couteau en l'air et chantonna : « et v'là… la preuve… ». Et se tournant vers le suspect, il continua : « T'es mal barré, fratricide ! »

Celui-ci, troublé, matait le couteau sans aucune réaction. « Retournons à la mairie », dit l'officier. Et il s'en alla vers la voiture. Le sergent entraîna l'accusé jusqu'à la voiture, celui-ci monta dedans sans résistance aucune. Arrivés à la mairie, l'officier donna l'ordre de rassembler tous les habitants du village.

Ils n'étaient pas très nombreux. L'officier ne pouvait pas croire que dans un vaste et vert village comme celui-là, vivait seulement un petit nombre de personnes, une centaine tout au plus. Ce même nombre était entassé le long d'une allée noire et étroite dans un sale quartier empesté de la ville. La plupart des habitants étaient tellement vieux et courbés que leur tête touchait leurs genoux en marchant. L'officier monta sur une chaise et montra le suspect du doigt : « Cet homme est un assassin. Un fratricide. Aucun fauve ne ferait ce qu'il a fait. Il a tué son frère, un homme âgé et désemparé. Il l'a tué au milieu de la nuit, tandis que sa victime rentrait après une dure journée de travail. On a trouvé l'arme du meurtre chez cette bête féroce. Il doit subir les conséquences de ces actes diaboliques et devenir un exemple pour tous ceux qui croient pouvoir faire ce qui leur plaît », sermonna-t-il d'un ton solennel et sérieux. Il se tut pour reprendre haleine. Les gens, aux visages graves et ternes, le regardaient qui nettoyait les commissures de la bouche avec un mouchoir. Les femmes chuchotaient entre elles tandis que les hommes restaient muets, comme s'ils avaient eux-mêmes tué leur frère et qu'ils ne savaient pas quoi faire de cette honte. L'officier, ayant perçu ce sentiment chez eux, reprit cette fois sur un ton plus amical et léger : « Sans doute, c'est lui qui a tué son frère. On en est parfaitement sûrs. Tout de même, on vous demande de nous raconter tout ce que vous savez sur cet homme, sa famille et son frère pour tirer au clair les points obscurs de cette affaire. Si vous ne coopérez pas, ou si, que Dieu vous en garde, vous mentez, ou si vous cachez quelque chose, vous serez ses complices et vous comparaîtrez devant la loi. » Rien qu'au mot « loi », les gens s'alignèrent.

Les habitant venaient s'asseoir l'un après l'autre sur une chaise en face de l'officier et parlaient, craintivement, de l'accusé et de sa vie. La bouche des hommes étaient sèches, comme s'ils étaient en passe de mourir de soif dans un désert et leur langue collait au palais sans pouvoir remuer. La honte ou la crainte de la loi ? De toute façon, ils n'étaient plus eux-mêmes. Leurs mots ne servaient à rien, quoique personne n'y attachasse une quelconque importance. Ils dirent que l'homme venait de rentrer de la ville, qu'il vivait seul, qu'il arrosait son champ toutes les nuits en compagnie de quelques personnes plus jeunes, et qu'ils maudissaient tous ensemble le sort et le destin.

C'était différent quand ce fut le tour des femmes. Elles n'avaient pas beaucoup peur. Même si elles s'adressaient à quelqu'un qui avait terrifié leurs hommes. N'est-ce pas qu'il n'était pas tout à fait étranger ? n'était-il pas vrai qu'il se tenait côte à côte avec la fille du chef qui lui tenait tranquillement la main ? Malgré tout, elles répétèrent les mêmes choses dans l'ensemble.

Parmi eux, ce fut seulement un vieux, beaucoup plus âgé, semblait-il, que la victime, qui raconta ce qu'il avait vu de ses propres yeux ; des yeux qui ne voyaient pas plus que ses oreilles n'entendaient. Le sergent fit un grand effort pour lui faire comprendre de quoi il s'agissait. Mais une fois que le vieux commença à parler, personne ne parvint à l'arrêter. Il bavardait sans cesse, et tellement fort qu'on aurait dit que c'était les autres qui étaient sourds et pas lui. « Sûr que j'les connais. J'les connais très bien. C'est les enfants du chef. Tout le monde se connaît par ici. C'est pas la ville ici. C'est en ville que même le chien ne reconnaît pas son maître. Dès le chant du coq à la nuit tombante, on se voit tous, et plusieurs fois même. En plus, tout le monde est de la même famille. Ce jeune homme que vous avez menotté par exemple, il est le fils de mon cousin à moi. Il avait aussi un frère, plus vieux, mais maigre à mourir, le pauvre. Monsieur, regardez pas ce type qui a le cou d'un taureau. Son pauvre père, que Dieu le bénisse, était pareil. C'est pour ça qu'ils ont pas dit non, les parents, quand il a demandé la main de la fille. Bon... le vieux mec souhaitait rajeunir. C'est pour ça qu'il a épousé cette fille. Cette fille...ah...elle était jeune et belle. Ma parole elle était belle... tous les jeunes du haut village et du bas village lui couraient après ...sauf qu'ils étaient tous sans le sou. Ils osaient pas l'approcher...enfin c'est toujours aux loups que revient le meilleur lapin. De toute façon, lui non plus, il a pas eu le temps de s'amuser. Malheur sur malheur... elle portait la poisse, quoi...ou c'était le mauvais œil des gens... » La toux l'obligea à s'interrompre. L'officier hésitait à le laisser continuer à parler. Le vieux était bavard et sa voix énervante. Dira-t-il quelque chose d'utile ? Il lui offrit un verre d'eau. Celui-ci l'avala en glougloutant. « Le chef a fait une grosse fiesta...des danseurs, des troubadours...pendant trois jours ils faisaient que ça...les gens ont bu, dansé, mais ils se moquaient tout le temps de sa gueule dans leur barbe...de ce paysan parvenu...regardez ce qu'il fait, il a pas honte, qu'ils se disaient...c'est pour ça que le mauvais œil lui est tombé dessus...et tout est parti en couille...que Dieu nous en garde, mon enfant... » Il secoua la tête et reprit en geignant : « D'abord, l'incendie et l'hôpital et tout...puis, son invalidité... ensuite la mort de sa femme...en plus, ils ont dépensé plein d'argent pour la soigner, mais c'est le sort qui décide…elle est morte…je me rappelle bien…quand ils ont ramené son corps, tout le monde pleurait, c'était affreux…c'était un désastre dans la vie du chef…il est devenu un légume après ça…et ces gosses…et maintenant, lui, vous dites qu'il a tué son frère ? Mais c'est vrai ça ? il est mort ? C'est lui qui l'a tué ? Ils travaillaient tous les deux sur leur terre avant la guerre… on est venu chercher des soldats…on disait que ça payait bien l'armée…tous les jeunes, ces pauvres animaux, sont partis en ville…les deux fils du chef aussi…Il était déjà mal avant leur départ, mais quand ils s'en sont allés, il s'est vraiment retrouvé dans la merde…il insultait tout le temps sa première femme, vous savez, la mère de ses fils…il lui faisait sans cesse des reproches …il croyait que c'était à cause de ses malédictions qu'il était dans la merde…au début, elle, elle ripostait pas, mais elle a pas pu digérer, et enfin, elle est partie…et là, il n'y avait plus que le chef et ses petits orphelins… il a loué sa terre pour deux sous…les voisins lui faisaient à manger…les enfants, c'est la famille de leur mère qui les a pris. » Il haletait. Il se mit à tousser, il se racla la gorge et cracha sans aucune considération. De toute évidence, il était content de parler. L'officier ordonna de lui apporter de la boisson chaude. Le maire mit un verre de thé devant lui. L'officier avait écouté le vieux pendant tout ce temps avec enthousiasme. Il avait l'impression d'avoir déjà entendu ces histoires. Le vieux versa un peu de thé dans la soucoupe, mit un morceau de sucre dedans, le pressa contre le fond de son verre, souffla et but. « Que Dieu bénisse tes ancêtres !! j'espère que tu ne seras jamais comme moi…la vieillesse est une horreur…Où en étais-je ? J'veux pas être long, on avait aucune nouvelle d'eux pendant quelques temps. Jusqu'à ce qu'un jour, après la mort du chef, son aîné ait montré le bout de son nez par ici. Il est venu chez moi, il avait beaucoup changé... maigri, il avait trop maigri. Je lui ai conseillé de rester au village, de travailler sur la terre....mais il s'en foutait complètement. Il allait chercher son frère et sa sœur, qu'il disait. J'ai insisté pour qu'il reste quelques jours chez moi, pour décider de ce qu'on devait faire des terres... il s'en foutait...il était trop pressé comme si on lui avait badigeonné l'anus avec de l'ammoniac comme aux mules de trait. Je lui ai dit qui avait la garde de son petit frère et sa sœur...il est parti les retrouver... jusqu'à récemment, j'avais plus de leur nouvelle. Jusqu'à ce que celui-là apparaisse...il voulait travailler leurs terres. La mairie cherchait à les confisquer...mais quand il est arrivé, ils ont pas pu...ils lui ont dit qu'il fallait que ses frères et sa sœur viennent pour lui laisses les pleins droits, sinon, leur part irait à la mairie... je sais pas comment il les a retrouvés... comment il les a convaincus de venir jusqu'ici...de toute façon, un jour son frère et sa sœur, cette fille même, sont venus, et ils ont signé...Ils ont dit que leur frère s'était fait tuer durant la deuxième guerre. Ils sont venus le matin et ils sont repartis vers midi très vite. »

L'officier s'était animé comme s'il pouvait découvrir les mobiles du meurtre dans ces histoires, et répétait, à l'adresse de l'agent : « Transcris exactement tous les mots. Je ne veux pas perdre le moindre détail. » Le sergent ne pouvait pas comprendre la raison de l'excitation de son supérieur. Le maire avait raconté les mêmes choses. Même si le vieux racontait avec plus de précision. L'officier conclut que les points obscurs deviendraient clairs lors de l'interrogatoire. Il n'avait plus rien à faire au village.

L'officier remit le verre très délicatement sur la table et le tourna. « Tu peux écrire, non ? » dit-il tout en jouant avec le verre. L'accusé hocha positivement.

- Tiens. Du papier et un stylo. Tu racontes tout. N'oublie rien.
- Je raconte quoi ?
- Mais tout ! Pourquoi tu l'as tué ? comment ? etc., etc.
- C'est pas moi. Qu'est-ce que je dois faire pour que vous me croyiez ?
- Tu mens, comme un lâche ! Au moins, ici, sois un homme. On sait tout. On a même trouvé l'arme du meurtre chez toi. Ton dossier ne manque pas de preuve. Crois-moi, t'as même pas besoin d'avouer. N'importe quel juge t'enverra directement devant le peloton, il y a pas photo. Doute pas. Mais si t'avoues, ça pèsera moins sur ta conscience. Tu te sentiras mieux….enfin un peu. On verra si on peut s'arranger ensuite. A condition que tu coopères, que t'avoues tout.
- Comment je dois avouer quand j'ai rien fait ? combien de fois dois-je vous dire que je l'ai pas tué. Pourquoi devrais-je le tuer, hein ? je m'étais promis de ne plus jamais le revoir.

Dites-moi, pourquoi devrais-je le tuer, hein ? pourquoi ?

- Bonne question ! Mais j'ai pas la réponse. C'est toi qui l'as. Ce que je peux te dire par contre, c'est que les voisins t'ont vu menacer ton frère. Ils t'ont même vu l'agresser. Je vais te rassurer une fois pour toute. On est certains que t'es l'assassin. Je veux simplement savoir pourquoi ? C'est tout.

- Les voisins, mon cul ! Qu'est-ce qu'ils ont vu ? Que je l'ai éventré ? S'ils ont vu ça, qu'ils viennent le dire…je dirai…

L'officier lui braqua la lumière d'une grosse lampe dans les yeux. Celui-ci détourna la tête et plissa les yeux tout en les couvrant des mains.

- Ecoute…je te dis une fois pour toutes, ici pas d'entourloupe, tu comprends ? Tu nous prends pour qui, hein ? Bien sûr que t'avais pas les couilles d'aller régler tes comptes avec lui au grand jour. T'as attendu la nuit comme un lâche, t'as enfoncé ta lame dans son corps avant qu'il puisse faire le moindre bruit.

- On dirait qu'on parle pas la même langue. Je répète que je ne suis pas coupable et vous me demandez encore d'avouer. J'ai pas tué mon frère, c'est tout ce que j'ai à dire.

L'officier eut un sourire nerveux : « c'est tout ? c'est tout ? ça marche pas comme ça tu sais. Tu verras très tôt que c'est pas si facile que ça. Je suis désolé. Si tu coopérais, ça serait mieux pour toi-même et pour nous du même coup. Ce soir, je suis en pleine forme parce que tu sais, ça n'a pas été une partie de plaisir d'arrêter l'assassin. J'avais pas envie de gâter une belle nuit comme celle-là. Mais tu me laisses pas le choix. T'as décidé de passer une nuit difficile. D'accord. Pas de problème. Tu te feras une idée de l'enfer comme ça. »

L'officier appela le sergent. Celui-ci entra en compagnie de deux autres agents. Ils ont libéré les jambes de l'accusé qui étaient enchaînés à la chaise et l'ont fait sortir. Quelques secondes plus tard, les cris de l'accusé retentirent dans la pièce voisine. L'officier se boucha les oreilles de ces mains et posa sa tête contre la table. Il oublia tout pendant quelques instants. Il se rappela le visage de sa mère après des années. Sa mère, toute jeune. Il courut vers elle. Sa mère, debout au fond d'une allée passante, portait son foulard sur les épaules pour couvrir un peu ses bras nus. Elle tenait collés les deux bouts de son foulard sur sa poitrine. Il était toujours tout petit. Il était à bout de souffle d'avoir couru. Plusieurs fois de suite, il appela sa mère très fort. Mais elle n'y prêta aucune attention. Elle ne l'entendait pas, semblait-il. Il courut plus vite, sans regarder devant lui. Il buta dans un nid-de-poule, chancela, s'écroula par terre. Sa tête plongea dans l'eau boueuse stagnant au milieu de l'allée. Il se releva. Un bruit assourdissant tourbillonnait dans sa tête. Il était abasourdi.

Il releva la tête de la table en gémissant. Les agents ramenaient l'accusé pour l'enchaîner de nouveau à la chaise. « Il parle pas, capitaine. » L'accusé cracha une dent cassée en bavant du sang. Et s'il n'était pas le coupable ? Qui était-ce alors ? Qui aurait tué ce pauvre vieux ? Non, il fait comme tous les assassins menottés.

- Crois-moi...on voulait pas te traiter comme ça...c'est entièrement de ta faute...tu nous a pas laissé le choix...soit sage, t'es pas obligé d'encaisser tout ça plus longtemps ? Tu veux perdre toutes tes dents ? Fais pas ta tête de mule. C'est pour ton bien. Tes derniers jours passeront en paix. Moi aussi, je ferai tout pour t'aider. OK ? Bien. Essayons autre chose. Ça sera peut-être plus facile pour toi. Pourquoi t'étais allé chez lui ? Pourquoi tu le menaçais ? Les voisins t'ont entendu le menacer de mort.

L'accusé renifla pour se débarrasser de la morve qui lui pendait du nez. « Cette histoire, ça n'a rien à voir avec ce meurtre. J'étais allé le convaincre de me laisser la part de son héritage. Il me devait beaucoup d'argent. Il y a longtemps, mon frère et moi, on avait porté plainte contre quelqu'un. Mais on a vu qu'on l'aurait dans l'os comme ça. Je lui ai proposé de retirer la plainte. Mais il n'acceptait pas. Il s'entêtait. Je l'ai supplié, je l'ai menacé, on a failli se battre même plusieurs fois. A quoi bon ? Quand il se mettait en tête de faire quelque chose, il devait le faire. Que Dieu me pardonne ce blasphème, mais Dieu en personne n'aurait pas pu l'en décourager. Peut-être qu'il voulait qu'on se fasse juger, nous aussi, je sais pas », dit-il d'un ton faible, sans relever la tête.

La machine à écrire s'arrêta. L'accusé porta lentement sa main à la commissure de ses lèvres qui avaient gonflé. Le greffier ouvra ses bras, releva la tête en arrière et se massa le cou. L'officier alluma une cigarette et la tendit vers l'accusé. Celui-ci porta ces mains menottées à sa bouche et tira une bouffée. La fumée remplissait l'espace vide entre eux. « On a été chacun condamné à quinze ans de prison », continua-t-il plus tranquillement. « C'était pas rigolo ça. C'est une vie, quinze ans. Quand on a lu la sentence, je lui ai sauté dessus dans la cour même. Je voulais le déchiqueter. Mais les gardiens nous ont séparés. En prison, j'ai été tenté de le descendre plusieurs fois. Je l'ai frappé à mourir plusieurs fois. Une fois, il a été terriblement blessé. Ils ont dû l'hospitaliser. Il n'est jamais retourné de l'hôpital. J'avais peur. Je me disais tout le temps : « t'as tué ton frère, fils de chien ? » Un jour, j'ai entendu mon nom dans les haut-parleurs. Quand on appelait quelqu'un des haut-parleurs, son compte était réglé. J'ai pensé qu'il était mort sous mes coups, mais il s'était enfui de l'hôpital. Ils m'ont dit que j'étais son complice, que je l'avais frappé à mort exprès pour qu'il puisse s'échapper ensuite. J'ai juré que non… mais qu'est-ce que j'ai juré. Ils me croyaient pas. Ils m'ont renvoyé dans la pire tôle du pays. Un enfer au milieu du désert. Avec cinq ans de plus. Vingt ans !!! » Il prit une autre bouffée et soupira. « Vingt ans de ma vie et tout ça à cause de lui. Quand j'ai été libéré, j'étais tout vieux, j'avais plus rien à foutre de rien. Je me souvenais même pas de lui. Au début, j'ai travaillé par-ci par-là pendant quelques temps. Ça valait même pas la peine. J'avais pas la force non plus. J'avais vieilli. J'ai été obligé de rentrer au village, même si j'avais aucun bon souvenir de là-bas, j'avais pas d'autres choix. Je savais qu'il n'aurait pas osé y aller.

» À mon arrivée, j'ai compris que la mairie louchait sur nos terres. Je les ai pas laissé faire. Mais ils ont dit que j'avais droit seulement à ma part. Les autres héritiers devaient venir clarifier la situation de leur côté. Les paysans disaient que mon frère était allé chercher notre frère et sœur. Personne ne savait rien sur eux. Je devais les retrouver à n'importe quel prix. J'ai beaucoup cherché, beaucoup voyagé. Je vivais comme un vagabond. La seule photo que j'avais de lui remontait au temps de la guerre. Je l'ai fait publier plusieurs fois dans les journaux. Ça m'a coûté trop cher. Un journaliste m'a conseillé de fixer un prix. J'ai fait de même, malgré ma pauvreté. J'avais pas le choix. Je l'ai enfin trouvé dans une usine...de peur qu'on le trouve, il avait payé tout son argent pour de faux papiers. Il avait fait passer notre frère et sœur pour ses enfants. Il a failli mourir quand il m'a vu. Je lui ai dit que s'il me donnait sa part d'héritage, je le laisserais tranquille. D'abord, il acceptait pas. Je l'ai menacé de le balancer, de l'envoyer en tôle. Il me répondait pas très gentiment. Il me disait d'aller me faire foutre. Mais quand il a compris que j'allais vraiment le dénoncer, il a accepté. Lui et ma sœur sont venus au village. Ils ont tout signé, et ils sont repartis. Je leur ai promis de ne plus jamais les déranger. Depuis ce jour-là, je l'ai pas revu, pas plus que vous. » Il s'arrêta pour reprendre son souffle. Il prit une dernière bouffée de sa cigarette et l'écrasa contre la table. « Vous faites comme ça vous plaît, mais je l'ai pas tué. J'ai pas tué ce pauvre con. » Il fondit en pleurs, ses épaules tremblaient.

Pour la première fois depuis l'arrestation, l'officier douta de sa culpabilité. Il fallait attendre pour éclaircir ces doutes. Il enverrait le couteau au laboratoire le lendemain. Le résultat pourrait prouver si la victime avait été tuée par ce même couteau ou non.

Epuisé, il rentra enfin chez lui après plusieurs nuits. Depuis qu'on l'avait chargé de ce dossier, il n'avait pas bien dormi. Arrivé à la maison, son mal de tête recommença. Il ne pouvait pas en supporter l'ambiance. Comme si les murs l'attaquaient de toutes parts. Il avala une poignée de pilule avec un verre dont l'eau était vieille de plusieurs jours. Toute la nuit, il ne ferma pas l'œil d'anxiété. Il se tourna et se retourna dans le lit. Il rayonna en même temps que le soleil qui venait d'entrer dans la chambre. On aurait dit qu'il venait de purger une peine de réclusion. Se sentant plus fatigué et brisé encore que la nuit dernière, il sortit. Il fallait informer le directeur général des détails du dossier.

Dès qu'il entra dans le bureau du directeur, la secrétaire se leva. Dans les réunions, elle avait constaté à quel point il avait l'appui de son chef. Ce dernier, dans ses discours, rendait toujours hommage à ceux parmi les jeunes soldats, courageux et purs, qui avaient brillé sur le champ d'honneur. Il entra sans attendre dans le bureau du directeur. Celui-ci serra fort dans ses mains grasses et lourdes, les siennes comme on serre celles d'une enfant. Il n'avait toujours pas dit mot lorsque le directeur lui dit sur un ton de reproche : « C'est quoi cette mine ? Tu te regardes pas dans le miroir avant de sortir ? Visage pâle, yeux gonflés, barbe de huit jours ! Mais ça va pas ? Demain, j'ai une conférence de presse et il faut que tu sois là. Va-t'en, va te soigner un peu. Repose-toi bien. Dors tôt la nuit pour te réveiller de bon matin et en bonne forme. Qu'est-ce que ça veut dire ? Comme ça tu vas faire une réputation à la police. Que je ne te voie plus dans cet état. Tu seras à mes côtés frais et en forme pendant toute la conférence. Tout le monde doit voir que la police dispose d'effectifs pleins d'énergie. » L'officier ne savait pas quoi répondre. Le dossier occupait son esprit et ne lui permettait pas de penser à autre chose. Pourtant, il remercia le directeur de sa bienveillance et commença à présenter le rapport du dossier. Celui-ci n'était pas du tout en état d'écouter ce genre de choses. Il coupa l'officier en se levant et se rapprocha de lui. « Je suis conscient de tous tes efforts, je t'en remercie. Tu te donnes du mal pour tout ça, cher capitaine », et il continua en prenant congé de l'autre : « nous sommes parfaitement sûrs que tu fais de ton mieux. Fais ce qui te semble juste. » L'officier claqua des talons et sortit. Le directeur enleva sa cigarette d'entre ces lèvres et dit : « à demain, n'oublie pas. » Il en tira une autre bouffée, leva un peu son bras et l'agita comme on le fait avec un enfant.

Durant toute la conférence, l'officier angoissait. Il s'impatientait de se rendre au laboratoire. Après la conférence, il s'y rendit en toute hâte. La patronne du laboratoire l'accueillit chaleureusement. L'officier était très nerveux, il n'avait aucune envie des rituels habituels de ces rencontres. Cependant, il dut accepter l'invitation de la patronne pour prendre un verre de thé dans son bureau. « Je n'avais jamais vu quelqu'un d'aussi appliqué que vous », dit-elle en prenant place à côté de son client sur le canapé. « Mais à quoi bon, personne ne vous en saura gré...Allez-y, faites comme chez vous. La réponse sera prête dans quelques instants. Vous êtes un peu en avance. » L'officier n'avait pas d'autre choix. Il devait attendre. La patronne croisa les jambes et releva quelques mèches de ses cheveux blonds qui pendaient sur son visage. Elle semblait plus jeune que ce qu'elle était en vérité. « Certains de vos collègues oublient complètement de venir chercher les résultats », dit-elle. « Je dois les contacter plusieurs fois afin de faire venir l'un d'entre eux. » L'officier, silencieux, s'agitait sur sa chaise. « Bon, c'est peut-être parce que vous êtes nouveau dans ce métier que vous êtes si déterminé. Calmez-vous un peu. Beaucoup de ces dossiers demeurent depuis longtemps dans les archives. Il faut prendre soin de soi-même. Sinon, c'est vite pris un coup de vieux… », disait-elle lorsque la secrétaire frappa d'un doigt à la porte. La patronne redevint elle-même, changea son ton charmeur et dit avec sérieux : « Entrez ! » La secrétaire avait le résultat de l'examen. Aucune trace de sang ou de chair sur la lame. L'officier en fut choqué. Il se sentait égaré, abandonné. Il tint sa tête entre ses mains pendant quelques instants et tira sur ses cheveux. Il récupéra le couteau, serra la main froide de la patronne et sortit.

Il avait un mal de tête horrible. Toutes les voitures et tous les bâtiments lui tournaient autour. Il devait se contenir mais n'en avait toujours pas la capacité. Dans le jardin devant le bâtiment de la médecine légiste, il y avait une fontaine, il se passa un peu d'eau sur le visage. Le printemps était là depuis quelques jours, mais il faisait toujours froid. Il sentit le froid de l'eau sur sa peau, ferma les yeux pendant quelques instants. Il y avait toujours un rayon d'espoir. Il retourna dans le bâtiment, à pas volontairement ferme. Il prit les escaliers du sous-sol.

Le légiste examina sans intérêt le couteau.

- Ça doit être le même.
- Vous êtes sûr ?
- Si vous voulez vous en assurer, on a qu'à le comparer avec les plaies.

L'officier le suivit à travers un long et bas couloir pour arriver à la morgue. Le légiste lisait les légendes sur les compartiments. Il s'arrêta devant l'un, le tira dehors, le cadavre apparut jusqu'à sa poitrine. Il se tourna vers l'officier pour solliciter son aide. Celui-ci eut un haut-le-cœur à la vue du corps. Pris de vertige, il s'appuya contre le mur, mais ne put garder l'équilibre et s'effondra.

A son réveil, il se trouva allongé dans un hôpital. Il ne se rappelait pas ce qui lui était arrivé. Pendant tout ce temps, il avait eu des cauchemars en noir et rouge. Le sergent se tenait à son chevet avec un sourire significatif. Lorsqu'il a vu les décorations du sergent, il faillit perdre conscience de nouveau. « Ça va mieux patron ? Il va venir, le médecin. Je crois que vous serez ici quelques jours… »

- « Qu'est-ce qui m'est arrivé ? » demanda naïvement l'officier.
- « Rien de particulier, vous étiez à la morgue quand ça vous est arrivé », répondit-il après avoir étouffé un petit rire.

L'officier s'assit au bord du lit malgré les protestations du sergent.

- Je dois y aller.
- Quoi ! Vous resterez ici au moins encore un jour !
- J'ai quelque chose d'important à faire à la morgue.
- Pas besoin, patron ! J'ai le résultat.

Le sergent ouvrit le paquet qu'il tenait en main et en sortit le couteau et le rapport du médecin légiste. « ….d'après les examens, la victime a été tué par ce couteau, ou un couteau identique…», lut-il après avoir déplié la feuille.

- Mais il n'y avait aucune trace de sang dessus.
- De toute façon, il doit y avoir un rapport entre le meurtre et ce couteau. Peut-être que le tueur en avait deux. A mon avis, il faut chercher son jumeau. On n'en trouve plus de ces couteaux, dit-il après avoir libéré la lame. Ça date d'au moins cent ans. Fabriqué à la main. J'avais jamais vu quelque chose de semblable.

L'officier se mit debout. Le sergent l'aida à s'habiller. Il se sentait abattu, exactement comme ce jour où, blessé et exténué, il avait assisté au départ de sa mère.

Il prit le couteau des mains du sergent et l'examina. « Son jumeau… », murmura-t-il et s'en alla comme si le sergent n'avait pas existé. Celui-ci le suivit à quelques pas de distance. Puis il changea d'avis et le laissa partir seul.

Le trajet jusqu'à chez lui semblait durer mille ans. Les rues et les ruelles lui paraissaient des tunnels sombres et poussiéreux qui lui faisaient peur. Il ouvrit la porte de la maison, ne la ferma pas derrière lui, ne prit même pas son trousseau de clé. Directement, comme s'il suivait une ligne habituelle et ordinaire, il descendit les escaliers du sous-sol.

Là-bas, il se sentait en sécurité. Le coffre était enfoui sous des tas de bricoles. Il le sortit sans le débarrasser de ce qui traînait dessus. Les meubles amassés les uns sur les autres croulèrent. Le coffre était beaucoup plus petit que dans son souvenir. Le même ancien cadenas pendait de son arceau. Il tira dessus, le cadenas céda avec un petit bruit, on aurait cru qu'on l'avait cassé récemment. Il eut la chair de poule. Il se souvint du jour où sa mère l'avait ouvert pour la première fois. Il y était allé à la recherche de son père. Il lui fallut un effort acharné pour se libérer des tours que son cerveau lui jouait. Il déplia avec respect et attention le drap brodé et sortit le couteau. La lame, difficile à libérer, apparut tout en sang. Ses mains tremblaient ; sa chemise était collée à son corps mouillé de sueur. Le sang était tellement frais qu'il avait toujours une couleur vive. Il s'assit sur place à même le sol. Il mit les couteaux l'un à côté de l'autre. Ils étaient pareils. Tout à fait identiques.

Il se confectionna des béquilles à partir des rampes des escaliers, se hissa avec peine. Il ferma les rideaux. La maison tomba dans l'obscurité totale. Ce coffre était la seule chose qu'il avait emmenée avec lui après la fin de l'école de police, avant de quitter définitivement la maison maternelle.

Il se sentait épuisé. Il vida dans sa main la boîte qui était sur le chevet et avala toutes les pilules d'une traite.

Il se débattit dans le lit, piégé entre sommeil et éveil. La deuxième fois qu'un mince rayon de lumière de soleil éclaira son visage à travers les fissures des rideaux, il se réveilla. Il était vautré sur le sol, habillé de ses chaussures et son manteau. Il avait mal partout dans le corps. Il voulait se réfugier dans le coffre et s'y enfermer à jamais. Mais ce n'était pas possible. L'image de la jeune fille, flottait dans sa tête, et ne l'y autorisait pas. Dans ses cauchemars, quand tous les fusils le visaient ou qu'il était au point de se noyer dans la mer, c'était cette même image qui venait à son secours et qui l'aidait à vaincre son amnésie.

Sans se laver le visage, il sortit de la maison et prit la direction du laboratoire. La patronne qui venait d'arriver et n'avait toujours pas commencé la journée, lui demanda sur un ton étonné mais amical : « Un autre dossier ? Vous ne chômez pas, vous ! » L'officier sortit le couteau de sa poche.

- Excusez-moi de vous déranger si souvent. Mais c'est vital. Faites comparer le sang sur ce couteau avec celui de la victime, s'il vous plaît.
- D'accord, jusqu'à demain…, voulut dire la patronne en lui prenant le couteau.

L'officier lui jeta un regard implorant, et tout en essayant de cacher son agitation, fit : « C'est urgent. Je vous prie, si c'est possible, de le faire tout de suite. C'est une question de vie ou de mort. » La patronne hésitait. L'officier lui tint la main et serra légèrement les bouts de ses doigts.

- Je vous en prie.

La patronne accepta d'exécuter d'urgence sa requête. L'officier faisait les cents pas derrière la porte du laboratoire. Il essayait de se distraire à regarder les mosaïques sur le sol du hall d'entrée. Il avait faim, une faim de loup, qu'il n'avait jamais connue jusque-là. Quelque chose au-delà d'un fort désir le poussa hors de l'établissement. Il acheta un sandwich au vendeur à la crié au parc et se mit à le dévorer.

A son retour, la réponse était prête. La patronne avait mis le couteau dans un sachet. « Je vous félicite, cette fois, vous l'avez. Le sang sur la lame correspond à celui de la victime », lui dit-elle gaiement. L'officier l'empoigna, fit un sourire froid, et s'en alla sans même dire au revoir. La patronne, l'air renfrogné, le suivit des yeux jusqu'au virage du couloir.

Il ne savait pas si c'était un rêve ou si tout cela avait vraiment eu lieu. Il voulait se faire hospitaliser comme à son retour du front. Il cherchait une réponse à cette question qu'il craignait même de formuler.

Il se concentra. Où était-il la nuit du meurtre ? Seul, à la maison. Alibi ? Impossible à produire. Il se mit en route sans destination précise. A chaque pas, une nouvelle pensée lui traversait la tête. Il flâna toute la journée. Le soleil était à son zénith maintenant. Il était épuisé et nerveux. Son corps puait la sueur. Mais la question, sans être formulée, trouva une solution. Il doit y avoir un complot.

Sans s'en rendre compte, il se trouva devant l'appartement de la victime. Il sonna trois fois de suite. On aurait dit que la fille l'attendait. Elle ouvrit immédiatement et se jeta dans ses bras. De son corps émanait une odeur douce et plaisante ; elle était joliment maquillée. Elle avait changé beaucoup depuis la dernière fois. L'officier l'embrassa. Ils entrèrent et s'assirent par terre dans la salle à manger. Il posa sa tête sur les genoux de la fille et se sentit apaisé. Elle lui caressait doucement les cheveux. Seulement si elle avait eu une poche kangourou pour qu'il puisse s'y blottir à jamais !

- Ça pourrait être le sergent. Il a eu une dent contre moi dès le premier jour. Salopard ! Il pouvait pas suivre les ordres de quelqu'un qui a le même âge que son fils. C'est un orgueilleux. Je l'ai traité de gosse devant les autres quelques fois. De toute façon, il est pas tombé de la dernière pluie. Y a pas mal d'autres personnes qui ne détesteraient pas me voir disparaître. Ils sont tous jaloux de moi.

La fille restait silencieuse et continuait à lui caresser les cheveux pendant tout ce temps.

- Depuis mon arrivée, il y a pas mal de gens qui se sentent menacés. On m'enverra bientôt à la fac de droit. Ils m'en veulent tous pour ça. Je les entends chuchoter derrière mon dos. Ils croient que je marche sur leurs plates-bandes. Ça peut être n'importe qui. Ou bien ils sont plusieurs à comploter contre moi. Mais le sergent, je suis sûr qu'il en fait partie….

La fille continuait à écouter sans mot dire. On aurait dit qu'il se parlait à lui-même. « Ça doit être ça. Quand j'étais inconscient, le sergent a dû prendre le couteau chez moi. Il avait aussi accès au cadavre. Il a dû mettre du sang dessus avant de le remettre à sa place. »

Il ricana nerveusement. « J'ai pas touché à ce coffre depuis trop longtemps, sans parler de…. Ça doit être le sergent. Mais il peut toujours courir. Jusqu'ici j'ai eu du bol et je l'ai trouvé avant les autres. Il arrêtait pas de me dire de rester à l'hosto. Ce sale fils de pute ! »

Il se calma un peu. La fille lui apporta un verre de tisane. Il en but une gorgée, lui prit la main et l'embrassa. Il allait mieux. Pourtant, l'angoisse le reprit de nouveau. « Il se peut qu'il ait laissé d'autres preuves chez moi. Ces gens-là sont beaucoup plus intelligents que ça. Peut-être qu'à cet instant même, ils cherchent à obtenir un mandat de perquisition… »

La fille l'accompagna jusqu'à la porte. Il l'embrassa.

Il était pressé. Les flics allaient arriver à tout moment. Il mit des années pour arriver chez lui. Il était décontenancé, sous pression. Il verrouilla la porte derrière lui et poussa en forçant la table contre elle.

Il fallait tout d'abord se débarrasser du couteau. Mais il s'était tellement dépêché qu'il avait laissé son manteau et le sachet chez la fille. Pas de temps pour revenir sur ses pas.

Il commença à fouiller la maison. Il mit la salle et la cuisine sens dessus dessous. Il ouvrit toutes les armoires et étala tout leur contenu. Il prit un couteau et déchira toutes les couvertures. Il allait comme un fou d'un bout à l'autre de l'appartement. Il ne pouvait pas attendre tranquillement qu'on l'accuse de meurtre. Il avait intégré la police pour améliorer la situation et pour combattre le vice. Il ne pouvait pas supporter d'être jugé pour meurtre. Très tôt la maison prit l'apparence d'une ruine. Il alla dans la chambre à coucher, ouvrit l'armoire et jeta tous les vêtements entassés. Il sentit grésiller sa main.

Il trouva. Une chemise ensanglantée était dans l'armoire. « Ils ont pensé à tout, ces salauds ! » La chemise était du même drap que le morceau qu'il avait trouvé dans la main de la victime. Rayé en rouge et noir. Un accroc égal à la taille du bout de tissu trouvé dans la main de la victime était visible sur le manche de la chemise.

Il prit la chemise et l'enfonça dans un sac noir. Il repoussa la table et sortit de la maison. Il fallait se rendre chez la fille pour se débarrasser du couteau. Il avait un mal de tête incroyable. Il courut tout le long du chemin, perdit son souffle et épuisa ses forces. Le coup était si joliment calculé qu'on l'arrêterait tôt ou tard. Il pouvait y avoir encore d'autres preuves. Les cheveux trouvés sous les ongles de la victime seraient sans doute les siens. Quand il était inconscient, le sergent pouvait arracher un brin de ses cheveux et les mettre à la place des cheveux de l'assassin.

Il était désemparé. Il s'arrêta et regarda le ciel. La seule échappatoire était le directeur général. Quelques heures plus tard, il était assis sur un grand fauteuil confortable aux côtés du directeur. Il lui raconta toute l'histoire sans omettre un mot. La même intuition, celle de toujours, lui disait que c'était le seul refuge. Auprès de son chef, il avait l'impression d'être avec son père. Le directeur alluma une cigarette et lui en souffla la fumée à la figure.

- Alors ?
- Je ne sais pas quoi faire, chef.
- Tu crois qu'on a mis ce couteau dans ta valise ?
- Positif.
- Pourquoi tu penses ça ?
- C'est clair, chef. Ça ne peut pas être autrement.
- Quelqu'un l'aurait fait après le meurtre ?
- Positif.
- Mais les plaies auraient dû être faites par ce même couteau.
- C'est un accident, chef. Le couteau du frère de la victime aurait laissé les mêmes traces.

- Et ta chemise ?
- Qu'est-ce que je peux vous dire, chef ? Ils ont pensé à tout. C'est ça un complot, n'est-ce pas ?
- Capitaine, vous êtes gaucher…à ce qui paraît l'assassin aussi.
- Mais chef…
- Dis-moi… où étais-tu la nuit du meurtre ?
- Vous ne croyez tout de même pas que c'est moi qui l'ai tué ? Pourquoi aurais-je dû faire ça ? Pourquoi aurais-je tué un pauvre vieux ?
- Sa fille…
- Chef ! ça me surprend venant de vous. Elle était toute seule après la mort de son frère. Je ne pouvais pas refuser mon affection à une fille seule et…
- Ce n'est pas ce que disent les voisins… ils ont dit à mes agents qu'ils t'avaient vu plusieurs fois là-bas avant la mort du vieux au moment où il bossait…
- C'est un complot, chef. Ils veulent me coller ça sur le dos. C'est pour ça que je suis là, chef.
- C'est bien que tu sois là. Je t'attendais. Tu sais que certains membres de mon personnel m'intéressent particulièrement et je suis leurs travaux de très près. Je prends soin à ce qu'ils réussissent leurs vies. Le fait que tu sois ici aujourd'hui prouve que je ne me suis pas

trompé sur ton compte. Les secrets de notre bureau ne doivent pas être connus de n'importe qui. Tu aimais la fille et le vieux vous faisait obstacle, c'est bien ça ?

Une goutte de larme se forma dans les yeux de l'officier. Il baissa la tête. Il se rappela l'espace d'une seconde tous les événements de ce soir-là. « Chef, j'étais pas moi-même. Le vieux con avait enfermé la pauvre fille à la maison. Je n'avais pas d'autre choix. Il ne voulait même pas me parler. J'avais pris des pilules ce soir-là. J'avais un mal de tête mortel. J'étais complètement hors de moi. J'en pouvais plus. La pauvre fille.... »

Il éclata en sanglots. Il pleura quelques secondes tandis que le directeur demeurait silencieux.

- Je fais des cauchemars tout le temps. Arrêtez-moi....j'avouerai tout...

Le directeur coupa court à ses paroles. Il gonfla son nez. C'était ce qu'il faisait dans ses moments de colère. Il haussa les sourcils en forme des lames de couteau. « La ferme, lui dit-il. Tuer un vieil homme qui séquestre une jeune fille est une chose. Briser le mythe de la police en est une autre. Tu ne répèteras plus jamais ça, tu comprends ? Tu es un héros national. Je ne permettrai jamais qu'on discrédite un héros. A n'importe quel prix. Les écoliers prendront bientôt exemple sur toi : courageux, intelligent, digne et bien sûr attaché à la famille. Tout le monde doit avoir cette image de la police à l'esprit. Non pas l'image d'un lâche qui recule devant le premier problème, aussi infime soit-il. » L'officier continuait à pleurer en silence. Le directeur général se leva de derrière son bureau et alla prendre place à côté de lui. Il mit sa main sur son épaule et continua d'un ton paternel : « ça suffit maintenant...Mes hommes ne doivent pas se montrer faibles quel que soit leur situation. N'importe qui aurait fait de même à ta place. Le type méritait bien ça. D'autre part, tu as facilité notre tâche. On le cherchait depuis bien longtemps. J'avoue qu'on avait renoncé à l'espoir de l'arrêter depuis longtemps. » Il lui tendit un verre d'eau. L'officier leva la tête, s'essuya les yeux, prit le verre. Il n'avait jamais éprouvé un tel sentiment pour personne d'autre. Le directeur général se leva, l'accompagna jusqu'à la porte. « Tu dois l'épouser, cette fille, dit-il. Elle est très belle. Crois-moi, je t'envie. Il y a longtemps, j'ai connu une femme qui lui ressemblait. Très gentille. Elle me la rappelle. Epouse-la. » Le directeur général soupira et reprit : « je te rappelle qu'il ne faut en souffler mot à personne. Tu boucles le dossier comme bon te semble. » L'officier s'inclina inconsciemment et embrassa la main de son chef.

Une heure plus tard, il était assis à côté de la fille et ne pensait plus au dossier.

....Pourquoi t'es si agité ? Calme-toi. Ce matin tu as prouvé que le dangereux virus de la fiction ne peut pas t'infecter. Remets les papiers dans ton cartable et demande à la secrétaire de t'apporter un verre d'eau. Elle est obligée de le faire. Ça la remettra à sa place... Calme-toi. Ne pense pas à cette femme. Ça ne sert à rien. Tu ne seras pas en paix tant qu'elle sera en vie.

L'accident d'aujourd'hui était de sa faute à elle. Calme-toi ; du sang-froid. Bonne ou mauvaise, c'est une histoire du passé. Et toi, tu n'y es pour rien. Elle s'est jetée sur toi. Elle criait : « Assassin…assassin… » Elle avait lu tout ton livre en une seule nuit. Elle t'a attaqué comme une sauvageonne. Le virus de la fiction l'avait rendue malade. Ton chauffeur allait arriver à tout instant. Tu essayais de la calmer. Sans succès. Elle t'a agressé. Tu l'as bousculée. Sa tête a cogné contre le bord de la table. Ton réflexe était naturel. Tu es totalement innocent. Tu peux te rassurer, dans un rien de temps tu l'oublieras comme si elle n'avait jamais existé.

Très bien. Maintenant, assieds-toi tranquillement ; et ne te fais pas de souci inutile. Elle rend ses derniers souffles maintenant. Tu seras bientôt débarrassé d'elle. Avec son départ, tout redeviendra normal. Elle et l'écrivain étaient les seuls qui auraient pu te ruiner. La première est morte. Et l'écrivain n'est plus le jeune homme têtu qu'il était. Te souviens-tu de son gros nez qu'il mettait dans toutes tes affaires ? Il avait interrogé tous les témoins. Tu avais de la chance qu'il n'ait pas eu de preuve et qu'il se soit contenté d'écrire un roman. Autrement, il t'aurait achevé sur-le-champ. Mais il n'est plus un danger pour toi. Il mourra bientôt dans sa cellule.

Tu m'entends ? C'est improbable de ta part. Tu n'es plus un jeune homme. Tire-toi ! Et prend la vie comme elle vient. Personne ne peut empêcher le destin. Dégage ! Sinon, le temps t'écrasera toi aussi.

Assieds-toi. Pourquoi tu restes debout ? Qu'est-ce que c'est que ce délire ? Tu ne te rends pas compte des regards de la secrétaire ? Tu veux qu'on dise partout que le directeur général a perdu la tête ? Tu veux vraiment ça ? Tu veux foutre en l'air tous tes efforts pendant ces années ? Si tu n'as rien à foutre de toi-même, pense au moins à tout ce réseau qui t'a soutenu jusqu'ici. Tu causeras du tort à tout le monde comme ça.

Sois un peu raisonnable. Tu te comportes vraiment comme un idiot. Pense un peu…avant tout, pourquoi tu veux la sauver. Pourquoi franchement ? Si c'est par peur de la mauvaise conscience, tu sais très bien que ça n'arrivera jamais….Si c'est pour ta femme, c'est encore plus stupide. Si jamais tu as eu des sentiments pour elle, ça fait longtemps qu'il n'en reste plus rien. De toute façon, même si personne ne sait que tu es…stérile de naissance….toi-même tu le sais. En plus, son maquillage et son parfum sont devenus si banals qu'ils ennuieront même le lecteur sans parler de toi qui as passé tout une vie avec elle.

Et si c'est pour les chers lecteurs, laisse-les dire ce qu'ils voudront à ton sujet. Il ne faut pas, que Dieu t'en garde, mettre ces petits sous pression. Entre nous, je t'assure, c'est les gens qui ont réussi, qui sont le plus montrés du doigt et injustement injuriés. Comme les insultes dont le président de la superpuissance mondiale fait l'objet quotidiennement. Si l'homme ne fait pas d'erreur, on le prend pour un candide, un idiot. Personne ne pense qu'un homme innocent comme les enfants puisse concevoir des plans compliqués dans sa tête. Plus tu as l'air terrifiant et mystérieux, plus l'inconscient des lecteurs te prend pour quelqu'un de remarquable. En outre, tu prends tes respectueux lecteurs pour qui ? Des innocents comme les anges ? Ils sont tous chargés de mille défauts.

Ne pense pas à la fin de ton roman. Il faut jouer cartes sur table. Je le dis franchement. C'est déjà trop tard. Personne ne peut plus rien faire pour elle. C'est peut-être ton amnésie qui ne te permet pas de te souvenir des débuts du roman où tout était déjà fini. Tu ne te rappelles pas : « L'année prochaine tu seras directeur général de la police nationale. La publication de ton livre te rendra encore plus célèbre et donnera une meilleure image de toi. Le meurtre de ta femme y sera pour quelque chose. On en parlera pendant longtemps » ? Tu te souviens maintenant ? Tu vois que tout est déjà décidé ? Tout est écrit, noir sur blanc. C'est fini. Cette histoire ne t'appartient plus, tu ne peux plus la retoucher. Tu n'es qu'une partie du texte, c'est tout.

Calme-toi. Laisse-moi réfléchir. Peut-être qu'on pourra faire quelque chose. D'accord. Si tu veux, on peut faire une chose. Toi, reste à ta place et laisse les choses couler à leurs rythmes naturels. Ta femme sera morte dans quelques minutes mais dans le texte, on lira : « Tu pars au secours de ta femme. » Qui peut le savoir ? Le lecteur n'a que le texte. Le directeur des éditions, tout est….

Chapitre 6

Je jette les papiers en l'air et je cours vers la maison pour sauver ma femme.

Mehdi Bahrami

Février 2008

Traduction : Mohammad Bahrami et Esfandiar Esfandi

20 avril 2016

www.ingramcontent.com/pod-product-compliance
Lightning Source LLC
Chambersburg PA
CBHW061655040426
42446CB00010B/1748